PETER KAPP

Kapps BROT

REZEPTE FÜR DEN THERMOMIX®

Impressum

Math. Lempertz GmbH
Hauptstraße 354
53639 Königswinter
Tel : 02223 / 90 00 36
Fax: 02223 / 90 00 38
info@edition-lempertz de
www.edition-lempertz de

Dieses Kochbuch wurde nach bestem Wissen und Gewissen verfasst. Weder der Verlag noch der Autor tragen die Verantwortung für ungewollte Reaktionen oder Beeinträchtigungen, die aus der Verarbeitung der Zutaten entstehen. Der Markenname „Thermomix" ist rechtlich geschützt und wird nur als Bestandteil der Rezepte verwendet. Für Schäden, die bei der Zubereitung der Gerichte an Personen oder Küchengeräten entstehen, wird keine Haftung übernommen. Bitte beachten Sie die Anwendungshinweise der Gebrauchsanweisung Ihres Thermomixgerätes.

Wir danken Herrn Tommy R. Möbius und seinem Team vom Restaurant „Die Ente" im SeeHotel Ketsch herzlich für die Möglichkeit, in ihren Räumlichkeiten die Rezepte zu fotografieren, und für die Unterstützung bei unserem Buchprojekt.
Für die Unterstützung mit Sauerteig-Anstellgut möchten wir uns bedanken bei der Bäckerei Knipp, Bonn-Oberkassel, und der Bäckerei Blesgen, Königswinter

Rezepte: Peter Kapp
Fotos:
KNOBLOCH TECHNIK & DESIGN GmbH, Edingen-Neckarhausen, Jörg Knobloch,
Oliver Lanz, www.joerg-knobloch.de
© Fotolia: Heike Rau,daffodilred, Quade, emuck, Johanna Mühlbauer, photocrew, charlyblende, magdal3na, felinda, by-studio, VRD, Andrey Kuzmin, Iakov Kalinin, doris oberfrank-list, weseetheworld

Titelbild: Jörg Knobloch
Lektorat: Philipp Gierenstein, Alina Groß, Laura Liebeskind-Weiland
Layout/Satz: Ralph Handmann
Gesamtherstellung: PrintConsult
Printed and bound in Czech Republic

ISBN: 978-3-945152-76-8

MIX
Papier aus verantwortungsvollen Quellen
FSC® C084279
FSC www.fsc.org

PETER KAPP

Kapps BROT

REZEPTE FÜR DEN THERMOMIX®

EDITION
LEMPERTZ

Inhalt

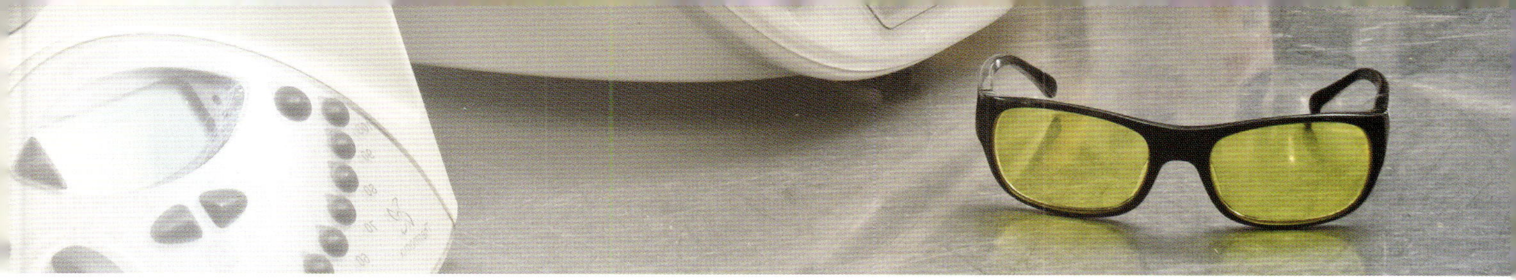

Vorwort

Ursprüngliche Brotrezepte und Backen mit dem Thermomix – wie geht das zusammen? Erstklassig! Denn genauso wie der Thermomix Backen und Kochen revolutioniert hat, hat Peter Kapp das Brotbacken revolutioniert.

Peter Kapp ist kein Bäcker. Peter Kapp ist ein Brotkünstler. Er ist ein Meister seines Fachs, wenn es um traditionelle Backtechniken, Rezepturen und Brotarten geht. Vor 40 Jahren begann er seine Bäckerlehre. Die französische Brottradition inspirierte ihn dazu, die althergebrachten Brotrezepte seiner Familie zu verfeinern und zu erweitern. Sein ganz persönlicher heiliger Gral war dabei das perfekte Baguetterezept. Doch dabei sollte es nicht bleiben. Denn Peter Kapp begehrte auf: Gegen eine Brotindustrie, die eine große Anzahl minderwertiger, billiger, künstlicher Zutaten zulässt und damit den ursprünglichen herzhaften Brotgeschmack aussterben lässt.

So begann Peter Kapp seine ganz persönliche Revolution: Bei all seinen Broten achtet er vor allem auf eines: hochwertige Zutaten, die, sorgfältig und liebevoll zubereitet, den Weg zum perfekten, ursprünglichen Geschmackserlebnis ebnen. Den Grundstock für seine Brotklassiker fand er in Italien: Dort entdeckte er die Brotrezeptur „Terra madre", die auch heute noch eins der Herzstücke seines Sortiments bildet. Unverzichtbare Zutat dafür ist das einzigartige, noch auf Stein gemahlene Buratto-Mehl von „Mulino Marino".
Und auch sonst schreckt der Revolutionär unter den Bäckern vor Experimenten, die mit köstlichem Geschmack überzeugen, nicht zurück: So begann er, Sepia – Tintenfischfarbe – in seine Kreationen einzuarbeiten. Die Ergebnisse, das herzhaft-süße Sepia-Cranberry-Baguette und die Fougasse Sepia-Amore, leuchten in den schwarz-weiß-roten Farben der „Rivoluzione del Pane" und machen ihrem Schöpfer alle Ehre.

Privat hat Peter Kapp den Thermomix schon lange für sich entdeckt. Schließlich macht er es möglich, schonend und sorgfältig mit qualitativ hochwertigen Zutaten in kürzester Zeit die besten Gerichte zu zaubern, um diese dann in Muße mit allen Sinnen zu genießen. Das gilt ganz besonders bei Brotrezepten. Viele Genießer werden beim Brot-selber-backen erst einmal zögerlich. Sie trauen sich nicht zu, selbst ein Brot so herzhaft und rundum köstlich hinzubekommen, fürchten sich vor dem richtigen Umgang mit den Zutaten und der Zubereitung. Genau hier schaffen Peter Kapp und der Thermomix Abhilfe. Schließlich weiß der Brotkünstler genau, dass nur frisch gebackenes Brot aus ursprünglichen, unverfälschten Zutaten ein einzigartiges Geschmackserlebnis verspricht. Was läge da näher, als auch den Laien unter den Bäckern auf die Sprünge zu helfen? Der Thermomix revolutioniert die Zubereitungsart, das Ergebnis kann sich sehen – und vor allem schmecken – lassen: kompromisslos, pur und knusprig!

In diesem Buch hat Peter Kapp viele seiner liebsten Brotrezepte zum einfachen Nachbacken auf den Thermomix übertragen – für alle, die selbst gerne so köstliche Brotsorten wie Finnenbrot, Chapeau, Fougasse Amore und Piemonteser Nuss zuhause nachbacken und genießen möchten! Alle Rezepte in diesem Buch sind für ein Brotgewicht von 500 g ausgelegt – ideal auch für kleine Haushalte. Schließlich hat sich das Wundergerät ja auch in Peter Kapps Bäckerei bewährt: Dort nutzt er ihn zwar nicht zum Brotbacken, aber für die Herstellung feinen Patisserie-Gebäcks. Als Backpartner für Peter Kapp hat sich der Thermomix längst bewiesen. Mit Freude am Backen, immer auf der Suche nach neuen Zutatenkombinationen, wird Peter Kapp die „Rivoluzione del Pane" weiterkämpfen – der Thermomix ist gerne dabei.

Getreide

Als Getreide bezeichnet man sowohl jene Pflanzen, die Körnerfrüchte tragen, als auch die Körnerfrüchte selbst. Bereits um 8000 v. Chr. begannen die Menschen im nahen Osten, Süßgräser anzubauen. Im Laufe der Jahrhunderte hat sich die Art des angebauten Getreides mehrmals geändert, die Erntemethode ist jedoch, natürlich heute durch technologische Neuerungen unterstützt, nach wie vor die gleiche: Das Korn wird gemäht und dann gedroschen. Danach werden die Körner auf Schädlingsbefall überprüft und von Schmutz gesäubert. Anschließend wird das Getreide zerkleinert und beim Mahlen Mehl und Schrot voneinander getrennt.
Getreide ist vielfältiger, als man oft annimmt. Neben den Klassikern unter den Getreidesorten (Weizen, Roggen, Gerste, Hafer) gibt es noch viele Arten mehr zu entdecken; bei einigen davon handelt es sich um alte Getreide, die gerade ein Revival erleben. Hier haben wir für Sie einen Überblick zusammengestellt:

Die Klassiker:

Weizen ist die wichtigste und am weitesten verbreitete Getreideart. Weltweit gibt es mehr als 1000 Weizensorten, die sehr unterschiedliche Eigenschaften haben. Der heutige Weizen entstand, indem verschiedene Getreide- und Wildgrasarten miteinander gekreuzt wurden. Weizen weist ideale Backeigenschaften auf und eignet sich daher zum Backen von Broten, Kuchen und Gebäck.

Roggen wird neben dem Weizen am meisten beim Brotbacken verwendet. Das Getreide lässt sich wunderbar zu herzhaften Broten mit dunklerem Teig verarbeiten. Roggen wurde erst spät für den Ackerbau entdeckt. Mit Roggenmehl gebackene Brote haben andere Klebe- und Backeigenschaften als Brote mit Weizenmehl, daher muss ihnen stets Sauerteig zur Lockerung zugesetzt werden. In Europa wird meist Winterroggen angebaut.

Gerste: Gerstenkörner bieten gute, herzhafte Suppeneinlagen, wie z. B die Perlgraupen. Aus Braugersten wird außerdem Malz gewonnen, das unerlässlich für die Bierproduktion ist.

Hafer kennen die meisten hauptsächlich in Form von Haferflocken. Diese entstehen, wenn die Haferkörner, entspelzt, geschält und gedarrt, gewalzt werden. Als zarte Haferflocken eignen sie sich gut für die Babynahrung, als kernige Version schmecken sie lecker in herzhaften Backwaren. Hierbei werden sie stets kombiniert mit Mehl verwendet, da sie nur wenig Gluten enthalten. Hafer ist reich an Fetten, Eiweißen, Eisen und Kalzium.

Tipps zum Getreidemahlen: Da sich beim Mahlen Hitze entwickelt, sollte Mahlgut, das Öl enthält (Haselnüsse etc.) etwa eine Stunde vorher ins Tiefkühlfach gestellt werden. Sonst entsteht beim Mahlen durch das Erhitzen des Öls ein ranziger Geruch.

Die Ursprünglichen:

Einkorn ist eine der ältesten Getreidearten, die bereits zu Ötzis Zeiten um 3300 v. Chr. existierten. Es ist eine vom Urweizen abstammende Weizenart und ein Vorläufer des Dinkels. Einkorn enthält viele Mineralstoffe und Aminosäuren. Durch seinen hohen Beta-Carotin-Gehalt ist Einkorn-Mehl etwas gelblich. Obwohl das Korn sehr resistent ist, wurde es aufgrund des geringeren Ernteertrags lange Zeit kaum angebaut. Einkorn enthält viel Lutein, das sehr gut für die Augen ist.

Emmer, auch bekannt als Zweikorn, ist eine der ältesten angebauten Getreidearten. Seine Urform ist der Wilde Emmer, daneben existierten auch Weißer, Roter und Schwarzer Emmer. Aus dem Emmer entstanden sind Hartweizen und Kamut, auch bekannt als Khorasan-Weizen.
Er enthält viele Mineralien und Eiweiße und verleiht Gebackenem einen angenehm nussigen Geschmack.

Dinkel ist ein Urweizen, der vom Einkorn abstammt. Er ist sehr robust und herzhaft. Vor Pestiziden ist er durch den Spelz, die dicke Hülle, die seine Körner umgibt, gut geschützt. Eben dieser Spelz macht seine Weiterverarbeitung aber auch schwierig, da er nur mit Aufwand zu entfernen ist.
Dinkel schmeckt wunderbar kräftig. Sie können ihn gut zum Backen einsetzen. Besonders in der Vollwertküche ist er beliebt.

Kamut, eigentlich Khorasan-Weizen, ist reich an Proteinen und Fetten. Er entstand aus einer Kreuzung aus Hartweizen und einer Wildweizenart. Kamut ist eine der ältesten angebauten Getreidearten. Er enthält Eiweiß, Mineralien, ungesättigte Fettsäuren und Vitamine. Von der Konsistenz her ähnelt Kamut-Mehl Roggenmehl und schmeckt angenehm herzhaft und nussig.

Alternativen zur Nutzung bei Zöliakie oder Glutenunverträglichkeit

Amaranth ist kein Getreide, jedoch eignen sich seine Samen gut zum Backen. Amaranth hat mehr Eiweiß und Mineralien als die meisten Getreidesorten und enthält überdies viel Eisen. Dabei ist es glutenfrei und somit gut geeignet für Menschen mit Zöliakie. Beim Backen muss Amaranthmehl daher aber auch in einer Relation von mindestens 1: 2 mit normalem Mehl ergänzt werden, da ihm Klebereiweiß fehlt.

Bulgur wird aus Hartweizen hergestellt, der gekocht und getrocknet und dessen Kleie entfernt wird. Obwohl er beim Backen eher selten zum Einsatz kommt, kann man ihn mit Mehl kombiniert in Broten verwenden.

Hirse ist ein glutenfreies Spelzgetreide, das reich an Mineralien, Vitaminen und Fett ist. Hirsekörner kommen hauptsächlich bei der Herstellung von Breien, Suppen und als Beilage zu Gemüse- und Fleischgerichten zum Einsatz. Zum Brotbacken muss zum Hirsemehl wegen des Mangels an Klebereiweiß ein weiteres Mehl hinzugefügt werden.

Mais, in Süddeutschland auch Kukuruz genannt, gehört zur Familie der Süßgräser. Die Spanier brachten ihn im 16. Jhd. aus Südamerika mit nach Europa. Mais wird sowohl als Nahrungs- als auch als Tierfuttermittel angebaut.

Quinoa ist mit dem Amaranth verwandt. Es enthält Ballaststoffe, Phosphor, Magnesium, Eisen und Zink. Da es glutenfrei ist, eignet es sich für Menschen, die an Zöliakie leiden. Zum Backen ist es aufgrund dieses Mangels an Klebereiweiß nur in Kombination mit normalem Mehl geeignet.

Reis gehört zu den wichtigsten Getreidearten der Welt. Es existiert eine riesige Anzahl an Sorten, bei denen man zwischen Lang-, Rund- und Mittelkornreis unterscheidet.

Tipps zum Getreidemahlen: 100 g Körner (Weizen, Dinkel, etc.) in den Mixtopf geben und sie 1 Minute/ Stufe 10 mahlen. Dann warten, bis sich der Staub gelegt hat, den Deckel öffnen und, falls nötig, evtl. 30 Sekunden nachmahlen. Die maximale Füllmenge zum Getreidemahlen beträgt 150-200 g Körner, die besten Ergebnisse erzielen Sie aber mit 100 g.

MEHL

FEINHEITSGRAD UND MEHLTYPE

Zum Backen wichtig zu wissen ist, dass es sowohl glatte, also feinkörnige Mehle gibt (weiche, feine Mehle wie z.B Weizenmehl Type 405) als auch griffige Mehle, also Mehle mit gröberer Körnung. Letztere benötigen länger, um Flüssigkeit aufzunehmen und sorgen für besonders elastische Teige.

Die Mehl-Type besagt, wie hoch der Mineralstoffgehalt in 100 g Mehl ist. 100 g des klassischen Weizenmehls Type 405 enthalten demzufolge 405 mg Mineralstoffe, 100 g des Weizenmehls Type 1050 beinhalten 1050 mg Mineralstoffe.

In Deutschland unterliegt die Typisierung von gemahlenem Weizen, Roggen und Dinkel einer DIN-Norm. Bei den gängigen Mehlarten handelt es sich um Auszugs- bzw. Teilauszugsmehle, für die vor dem Mahlen Schale und Keim ganz oder teilweise entfernt werden. Je höher der Anteil an Schalenbestandteilen ist, desto mehr Ballaststoffe, Mineralien und Vitamine enthält das Mehl, was sich in einer höheren Typenzahl niederschlägt. Die Mehl-Type besagt also, wie hoch der Mineralstoffgehalt in 100 g Mehl ist. 100 g des klassischen Weizenmehls Type 405 enthalten demzufolge 405 mg Mineralstoffe, 100 g des Weizenmehls Type 1050 beinhalten 1050 mg Mineralstoffe.
Für die Herstellung von Vollkornmehlen wird das Korn vollständig verwendet. Hier kann der Mineralstoffgehalt Schwankungen unterliegen.

Im Folgenden finden Sie eine kurze Einführung in die Welt des Mehls und seiner Varianten.

DINKELMEHL

Dinkelmehl ist vom Backverhalten und den benötigten Mengenangaben im Rezept vergleichbar mit Weizenmehl. Es wird aus dem gesunden Urkorn Dinkel gewonnen und enthält viel Eiweiß, Mineralien wie Zink und Selen, Vitamine und ungesättigte Fettsäuren.
Bei den Rezepten dieses Buches verwenden wir folgende Varianten:

- **Dinkelmehl Type 630**: Dieses Mehl hat einen hohen Eiweißgehalt, wodurch es wunderbare Backeigenschaften hat. Type 630 ist der niedrigste Ausmahlungsgrad bei Dinkelmehl und eignet sich gut zum Backen von Brot und Kuchen.
- **Dinkelvollkornmehl:** Dieses Mehl ist durch den in ihm enthaltenen hohen Anteil an Ballaststoffen, Mineralien und Vitaminen sehr gesund. Sein hoher Eiweißanteil verleiht ihm gute Backeigenschaften.

Weizenmehl

Weizenmehl ist das beliebteste Mehl in Deutschland. Dank seiner leichten und feinporigen Konsistenz eignet sich die gängige Type 405 besonders für Weißbrote und Feingebäck. Weizenmehl enthält viel Gluten, stabiles Klebereiweiß, das ihm gute Backeigenschaften verleiht und Backwaren gut zusammenhält.
Darüber hinaus finden in diesem Buch folgende Typen Verwendung:

- **Weizenmehl Type 550**: Dieses Weizenmehl ist dunkler als das gängige weiße Mehl Type 405. Durch seine Griffigkeit bindet es Flüssigkeit langsamer und eignet sich dadurch besonders gut zum Backen von Brot und Backwaren aus Hefeteig.
- **Weizenmehl Type 1050**: Durch seinen hohen Anteil an Ballaststoffen, Vitaminen und Mineralien ist dieses Mehl sehr gesund. Diesen erhält es durch die in ihm enthaltenen Bestandteile der Kornschale, die ihm auch seine dunklere Färbung verleihen. Es eignet sich hervorragend zum Backen von herzhaftem Brot.
- **Weizenvollkornmehl:** Für dieses Mehl wird das ganze Weizenkorn gemahlen, so dass es Keimling und Schale enthält. Es enthält viele Ballaststoffe und eignet sich gut zum Backen von dunklerem Mischbrot.

Roggenmehl

Roggenmehlbrote sind dunkler als etwa Weizenmehlbrote, von der Konsistenz fester und würziger im Geschmack. Für Mischbrote eignet sich Roggen besonders gut, weil er im Vergleich zu Weizen und Dinkel zwar einen deutlich niedrigeren Eiweißgehalt, dafür jedoch einen hohen Anteil an Mineralien hat. Wir verwenden in diesem Buch:

- **Roggenmehl Type 1150:** Dieses Mehl ist durch seinen hohen Anteil an Vitaminen und Mineralstoffen sehr gesund. Es zeichnet sich durch einen kräftigen Geschmack und gute Verträglichkeit aus.
- **Roggenmehl Type 997:** Dieses Mehl hat einen hohen Ausmahlungsgrad. Da es auch Anteile aus der Randschicht des Roggenkorns enthält, hat es einen hohen Anteil an Mineralien und Ballaststoffen.Es eignet sich gut für Mischbrote.

Buchweizenmehl

Buchweizenmehl schmeckt wie ein Getreide, ist aber keines. Es ist ein Knöterichgewächs, das frei von Gluten und Weizenlektinen ist. Buchweizen ist gut für Diabetiker geeignet, da es den Blutzuckerspiegel senken kann. Pur kann man es allerdings nicht verwenden, es sollte mit anderen Mehlsorten gemischt werden.

Gerstenmehl

Gerste ist dank ihres hohen Kohlenhydratanteils bei Bierbrauern sehr beliebt. Der geringe Anteil an Klebereiweißen bewirkt, dass Backwaren aus Gerstenmehl stark krümeln. Mit anderen Mehlsorten gemischt, erhält man derbe, leicht gräuliche Brote.

Grünkernmehl

Grünkern wird gewonnen, indem halbreifer Dinkel geerntet, geröstet und anschließend getrocknet wird. Er hat einen hohen Mineralstoff- und Vitamingehalt und ein herzhaftes, leicht nussiges Aroma. Ohne mit anderen Mehlsorten vermischt zu werden, ist das Grünkernmehl nicht backfähig.

Hafermehl

Hafermehl ist eiweiß- und fetthaltiger als Weizenmehl. Es eignet sich gut dafür, für Brote mit anderen Mehlen gemischt zu werden.

Hirsemehl

Hirsemehl allein ist nicht gut zum Backen geeignet, da es nicht aufgeht. Mit anderen Mehlsorten gemischt ist es aber eine Alternative.

Kamutmehl

Die gelblichen Kamutkörner sind eine Urform des Weizens, fallen jedoch doppelt so groß wie Weizenkörner aus und haben einen 20-40% höheren Proteingehalt. Auch der hohe Anteil an ungesättigten Fettsäuren, Vitaminen, Mineralstoffen und Aminosäuren macht Kamut zu einem ernährungsphysiologisch wertvollen Lebensmittel. Es enthält, wie alle Weizenarten, Gluten, wird aber manchmal von Menschen mit Weizenallergie gut vertragen. Bei einer Zöliakie-Erkrankung ist jedoch auch Kamut keine Alternative.

Kastanienmehl

Kastanienmehl eignet sich hervorragend als Beimischung zum Backen von Brot, Kuchen und Gebäck.

Kirchererbsenmehl

Auch für dieses Mehl werden Kichererbsen zunächst getrocknet, um sie dann zu mahlen und so das glutenfreie Mehl zu gewinnen. Es ist nur als Beimischung mit anderen Mehlsorten zum Backen geeignet.

Maismehl

Maismehl ist glutenfrei, ihm fehlt also das zum Backen so wichtige Klebereiweiß. Pur kann es leider nicht genutzt werden.

Malzmehl

Malz ist ein aus gekeimtem Getreide (Gerste, Weizen, Roggen) hergestelltes Backmittel. Es verbessert die Krusteneigenschaften.

Meule T80

Ein französisches, auf Stein gemahlenes Mehl, dessen Mahlpartikel bei der Verarbeitung eine unregelmäßige Oberfläche bekommen. Dadurch gewinnt dieses Mehl eine deutlich höhere Wasseraufnahmefähigkeit als ähnliche deutsche Mehle.

Reismehl

Reismehl ist ein feines Mehl, das aus Bruchreis, vorwiegend Langkornreis, hergestellt wird. Es enthält kein Klebereiweiß und kann gut bei glutenfreien Diäten genutzt werden.

Ruchmehl

Dieses Mehl wird aus Weizen oder Dinkel gewonnen und hauptsächlich in der Schweiz produziert und genutzt. Es zeichnet sich dadurch aus, dass ihm etwa 20% des Weißmehls entzogen werden, wodurch es einen Teil der äußeren Schalenschicht des Korns enthält. Dadurch verfügt es über mehr Eiweiß, Vitamine und Mineralien als Weißmehl.

Sojamehl

Sojamehl sollte höchstens zu ⅕ bei der Rezeptur von Broten verwendet werden. Es kann aufgrund seiner Bindefähigkeit vermischt mit Wasser Eier ersetzen. Unterschieden wird eine vollfette Variante, die beim Schälen und anschließenden Rösten der Sojabohnen entsteht, und ein entfettetes Mehl, das als Nebenprodukt aus der Herstellung von Sojaöl hervorgeht. Sojamehl ist glutenfrei und eignet sich auch für Personen mit Zöliakie.

Backtriebmittel

Hefe

Hefe wurde bereits im alten Ägypten zum Backen verwendet. Sie ist als Backtriebmittel sehr beliebt, nicht zuletzt, weil man mit ihr feinere, leichtere Backwaren herstellen kann als mit Sauerteig. Bei Backhefe (Saccharomyces cerevisiae) handelt es sich um einen Pilz, der bei seinem Stoffwechsel Zucker in Kohlenstoffdioxid und Alkohol umwandelt. Diese Gärung und Zellatmung macht den Teig lockerer.

Beim Backen verwendet man zumeist **Frischhefe**, die abgepackt in kleinen Würfeln erhältlich ist. Zum Gehen sollte man Teig mit Hefe anrühren und dann abgedeckt an einen warmen Ort stellen. Frische Hefe hält sich am besten gut verpackt im Kühlschrank. Man sollte darauf achten, dass sie einen angenehmen Geruch hat und sich nicht schmierig oder bröckelig anfühlt, dies können Anzeichen dafür sein, dass die Hefe schlecht geworden ist. Sie sollte nicht zu lange gelagert werden, da sie nach 1-2 Wochen den Teig weniger auftreibt.

Trockenhefe hält sich sehr viel länger als frische Hefe, bis zu 1 Jahr. Bei ihrer Verwendung sollte man jedoch auf die Angaben im Rezept achten: Ist dort frische Hefe angegeben, so kann Trockenhefe nicht im Verhältnis 1:1 dafür eingesetzt werden. 7 g Trockenhefe entsprechen etwa einem halben Würfel frischer Hefe. Mit Trockenhefe zubereitete Teige müssen etwas kürzer gehen als Teige mit Frischhefe.

Mixtipp: Die Haltbarkeit frischer Hefe lässt sich durch Einfrieren verlängern! Im Thermomix kann man sie auftauen, indem man sie mit etwas Wasser 2 Minuten/ 37 °C/ Stufe 2 erwärmt.

Andere Backtriebmittel

Backtriebmittel lockern das Brot auf und lassen es erst aufgehen. Es muss sich dabei jedoch nicht um Hefe handeln. Hier finden Sie eine Auflistung der anderen „üblichen Verdächtigen".

Backpulver ist eine Mischung aus Natriumhydrogencarbonat (Natron) und einer organischen Säure. Durch die Reaktion des Natrons mit der Säure entsteht Kohlendioxid, dessen Bläschen den Teig auflockern. Sobald Backpulver in einen Teig gegeben wurde, sollte er schnellstmöglich gebacken werden, da er sonst gärt.

Weinstein bezeichnet Calcium- oder Kaliumsalz, das aus Weinsäure gewonnen wird. Im Verhältnis von 2:1 mit Natriumhydrogencarbonat, meist Natron genannt, gemischt, eignet es sich als Backpulver. Im Gegensatz zu normalem Backpulver muss hier nicht Phosphat verwendet werden, um die Treibwirkung in Gang zu setzen, die Weinsäure gewährleistet das auf natürliche Weise. Dadurch ist Weinsteinbackpulver etwas bekömmlicher. Darüber hinaus hat es einen weniger bitteren Beigeschmack als normales Backpulver.

Backferment besteht aus Weizen, gelber Saaterbse und Honig und dient als Triebmitel beim Backen. Wenn man Backferment Wasser, Schrot und Mehl zusetzt, beginnt die Mischung zu gären. Man erhält so der Startteig für Sauerteig, den sogenannten Grundumsatz. Nachdem man erneut Mehl und Wasser zum Grundumsatz gegeben hat, erhält man einen tollen Sauerteig ohne Zugabe von Hefe.

Sauerteig ist ein Vorteig aus Mehl und Wasser, der durch Mikroorganismen wie Milchsäurebakterien und Hefen in Gärung bleibt. Ihm haben wir ein ganzes Kapitel gewidmet (siehe S. 18).

Natron ist eine beliebte Alternative zu Hefe. Natron kann jedoch nur verwendet werden, wenn der Teig genug Säure enthält. Am besten setzt man ihm dazu Milchprodukte wie Joghurt zu. Dann entsteht Kohlendioxid, das den Teig auftreiben lässt.

Brötchenbackmittel mit Lecithin machen den Teig geschmeidiger und voluminöser.

Sauerteig

Kein Roggenbrot ohne Sauerteig: Wohingegen für Weizenmehl auch Hefe als alleiniges Triebgut ausreicht, wird ab einem Roggenanteil von 25% Sauerteig unabdingbar zur Brotherstellung. Durch Milchsäurebakterien und Hefe gärt der Sauerteig und lässt das Brot aufgehen; so erhält es auch den charakteristisch „sauren" Roggenbrotgeschmack. Ohne Sauerteig würde das Roggenbrot hingegen innen feucht, klebrig und völlig ungenießbar.

Wer Sauerteig selber herstellen möchte, benötigt hierfür immer eine Sauerteigmutter als „Anstellgut", also als Grundlage für den neuen Sauerteig. Diese vermischt man mit Wasser und Mehl, bis sich eine homogene Masse bildet, und lässt den Teig dann über Nacht an einem warmen Ort gehen.
Zum ersten Ansetzen eines Sauerteigs ist eine Starterkultur vonnöten, die bestimmte Bakterienkulturen enthält. Diese wird dann mit Mehl und Wasser gemischt. In beiden Fällen wird ein Teil des entstandenen Teigs verwahrt, um wiederum als Anstellgut dienen zu können. Wer auf die Schnelle einen Sauerteigansatz benötigt, kann auf eine ganz pragmatische Lösung zurückgreifen: Beim Bäcker seines Vertrauens erhält man das Anstellgut meist schnell und problemlos.

Es geht aber natürlich auch anders: Der Sauerteigansatz lässt sich auch selbst im Thermomix herstellen! Dies ist eine etwas langwierigere Angelegenheit, die ein paar Tage in Anspruch nimmt. Das Schöne hierbei ist jedoch: Ist der Sauerteig erst einmal hergestellt, lässt er sich innerhalb von 24 Stunden problemlos vermehren.

Roggensauerteigansatz im Thermomix Für 800 g

Zutaten

400 g Roggen
400 g Wasser

Zubereitung

1. Hierfür werden zunächst 100 g Roggen im Mixtopf 1 Minute/ Stufe 10 gemahlen. Gießen Sie dann 100 g warmes Wasser dazu und vermengen Sie den Teig 5 Sekunden/ Stufe 3. Hiernach sollte man den Teig ca. 24 Stunden gut abgedeckt in einer Schüssel stehen und gehen lassen; möglichst bei Zimmertemperatur oder sogar auf einer Heizung.

2. Am nächsten Tag werden weitere 100 g Roggen im Mixtopf 1 Minute/ Stufe 10 gemahlen. Den 1. Ansatz mit 100 g warmem Wasser in den Mixtopf geben und erneut 5 Sekunden/ Stufe 3 vermengen. Lassen Sie den Teig wie zuvor bei ca. 20°C Zimmertemperatur an einem warmen Ort 24 Stunden zugedeckt stehen.

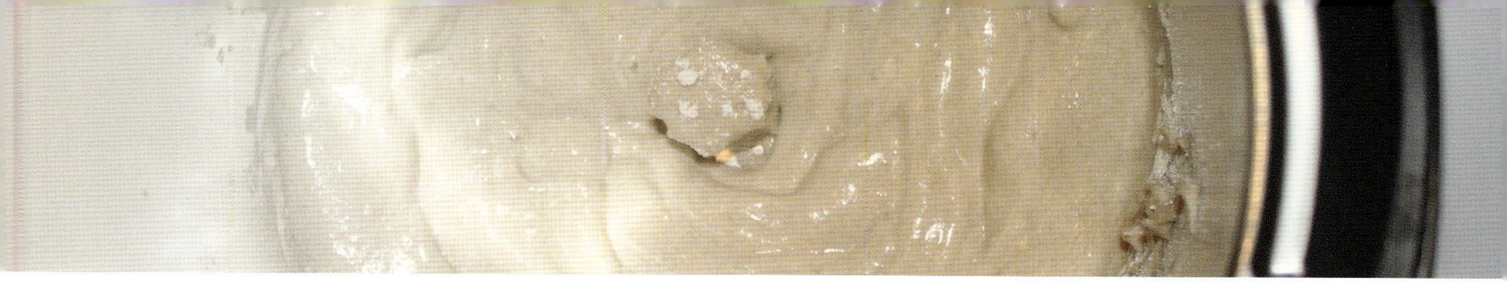

3. Am dritten Tag gibt man 200 g Roggen in den Mixtopf und mahlt ihn 1 Minute/ Stufe 10. Dann mit 200 g lauwarmem Wasser und dem vorherigen Teigansatz in den Mixtopf geben, wieder 5 Sekunden/ Stufe 3 vermischen, umrühren und bei Zimmertemperatur erneut 24 Stunden zugedeckt stehenlassen. Jetzt wird der Brotbrei heftig aufgehen und gären; in diesem Stadium erhält er auch seinen typischen leicht sauren Geschmack.

4. Nun haben Sie 800 g Sauerteigansatz. 50 g behält man am besten als Sauerteigmutter für die weitere Sauerteigherstellung zurück.

Sauerteigvermehrung:

Hierfür gibt man 180 g Roggen in den Mixtopf und mahlt ihn 1 Minute/ Stufe 10. Dann gießt man 180 g lauwarmes Wasser dazu, vermengt den Teig 5 Sekunden/ Stufe 3 und gibt die 50 g Sauerteigmutter hinzu. Vermischen Sie alles noch 5 Sekunden/ Stufe 3 und lassen Sie den Teig wieder 24 Stunden bei warmer Zimmertemperatur zugedeckt stehen.

Mixtipp: Sauerteig hält sich im Kühlschrank gut 1 Woche. Er kann aber auch eingefroren werden! Sofort nach dem Auftauen erwachen Milchsäurebakterien und Hefepilze wieder zu neuem Leben und können problemlos wieder neu verarbeitet werden!

Alternativen

Fertiger Sauerteig (flüssig/pulverisiert)

Gekaufte Sauerteigprodukte gibt es von Firmen wie Seitenbacher oder Alnatura. Dies sind natürlich industriell hergestellte Produkte, die es mit der Reinheit des natürlichen Sauerteigs nicht aufnehmen können. Auch als Triebgut sind sie kein vollwertiger Ersatz. Sie werden im Handel in zwei Formen angeboten:

- Dem **Flüssigsauerteig** fehlen die Sauerteighefen, da durch diese die Tüten bei der warmen Lagerung im Regal platzen würden. Verwendet man Flüssigsauerteig, kommt man also nicht umhin, dem Teig zusätzlich Bäckerhefe zuzugeben. Er stellt somit lediglich eine Säuerungshilfe dar.
- Bei dem **Sauerteigpulver** muss geprüft werden, ob es sich auch hier lediglich um eine Säuerungshilfe handelt oder ob auch tatsächlich Sauerteighefen vorhanden sind. Nur dann sind diese zum Weiterzüchten geeignet.

Standard-Baguetteteig
Vorbereitung

Der im Folgenden beschriebene Schritt des Zusammenlegens ist vor jeder Weiterverarbeitung von Baguetterezepten mit Weizenmehlanteil unerlässlich. So baut sich das so wichtige Klebergerüst auf, der Teig ist später leichter zu verarbeiten und die Kruste großporiger. Das zugrundeliegende Rezept finden Sie auf Seite 36, „Baguette Tradition".

Zu Beginn wird der Teig in gleich große Laibe geteilt.

Die Brotlaibe werden jetzt zusammengelegt.

Für das Zusammenlegen den Teig flach auslegen, die Ränder etwas lang ziehen und am Teig mittig andrücken.

Nun die beiden anderen Ränder ebenfalls in die Mitte des Laibs legen und dort übereinander festdrücken.

Das Zusammenlegen wird anschließend mehrmals wiederholt.

Beim letzten Mal darauf achten, dass der Teigling gleichmäßig geformt ist. Bevor der Baguetteteig in eine der folgenden Formen (S. 22-33) gebracht wird, muss er 30 Minuten ruhen.

Baguette Tradition
Step by Step

1

Zu Beginn wird der Teig mit den Fingern etwas in die Länge gedrückt. Die Längsseiten werden in die Mitte des Laibs gelegt und mit den Fingern angedrückt.

2

Jetzt die untere Hälfte des Teigs auf die obere legen und die so entstandene Kante mit den Fingern verschließen.

3

Anschließend vorsichtig eine längliche Form aus dem Teig herstellen.

4

Auf die gewünschte Länge ausrollen und dann die Spitzen formen.

5

Der als Baguette geformte Teig muss nun 30 Minuten ruhen.

6

Danach werden die Baguettes mit einem scharfen Messer mehrfach schräg eingeritzt.

Einstrangzopf
Step by Step

Den Teigling nach dem Zusammenlegen zu einem langen Strang formen und ihn in drei gleich große Stücke unterteilen, zwei Markierungen mit den Fingern in den Teig drücken.

Das linke Teigende in einer Schlaufe zu der ersten Markierung legen und festdrücken.

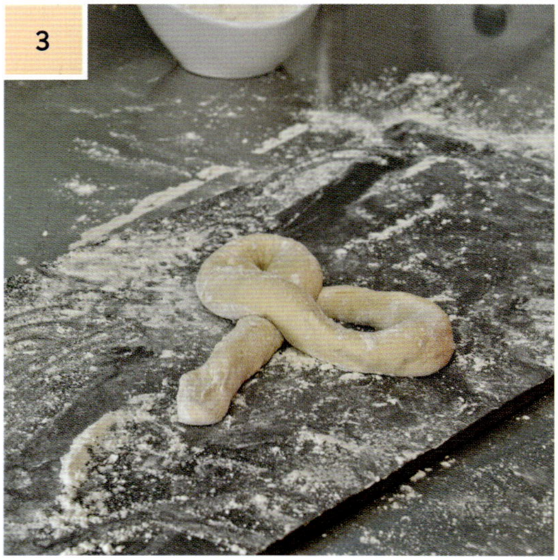

Das andere Teigende durch die Schlaufe legen

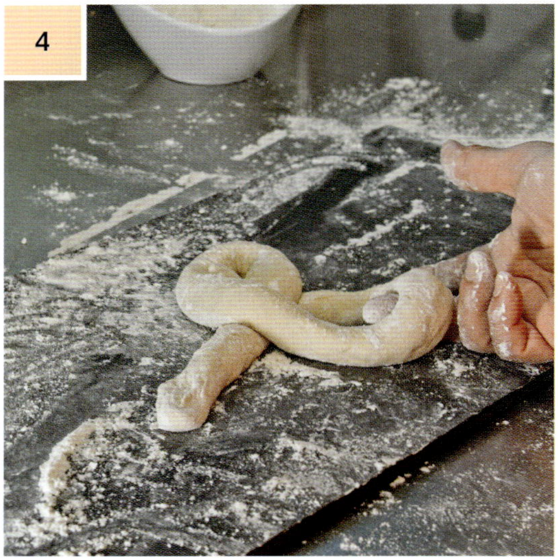

Soweit wie möglich durchziehen.

5

Die Schlaufe einmal drehen und das gleiche Teigende zur anderen Richtung noch einmal durch die gedrehte Schlaufe ziehen.

6

Der Teigende auf der Rückseite des Einstrangzopfes festdrücken.

PAKET
STEP BY STEP

Zu Beginn den Teig etwas länglich formen.

Die beiden Enden werden zu jeweils ca. 20 cm langen Teigröllchen geformt.

Die Teigröllchen werden über den Teig gehalten.

Anschließend kreuzt man die Schnüre über dem Laib.

5

Die übereinander liegenden Teigschnüre am Teigling andrücken.

6

Den Teig drehen und die Schnüre auf der anderen Seite ebenfalls festdrücken.

7

Jetzt müssen die Laibe 30 Minuten ruhen.

8

Nach dem Ruhen können die Pakete fertig gebacken werden.

L´ÉPI
STEP BY STEP

Die Teiglinge werden zu Teigrollen geformt.

Mit der Küchenschere schräg in ca. 45°-Winkeln einschneiden.

Die Teilstücke werden nicht durchgetrennt.

Sie werden nur bis ca. 1 cm eingeschnitten.

Die Teilstücke abwechselnd nach links und nach rechts legen.

Das Épi wird im Backofen fertig gebacken.

Chapeau
Step by Step

Aus dem Teigling einen runden Laib formen.

Auf der einen Seite den Laib ganz flach drücken und mit den Fingern etwas länger ziehen.

Den flach gedrückten Teil jetzt mit einem Holzstab bearbeiten.

Dafür den Holzstab über den flachen Teig rollen.

Jetzt den geplätteten Teig vorsichtig von der Arbeitsfläche lösen.

Den flachen Teig wie einen Deckel auf den Teig legen.

Den Deckel jetzt etwas andrücken.

Die Laibe mit dem Deckel nach unten weitere 30 Minuten ruhen lassen.

Focaccia
Step by Step

Aus etwa 40 g Thymianzweigen und Olivenöl eine Mischung herstellen und mindestens 3 Stunden ziehen lassen. Mit in den Teig (S. 66) einarbeiten.

Auf einem mit Backpapier ausgelegten Backblech den Teig ausrollen und mit den Fingern in die passende Form drücken. Dabei Mulden in den Teig einarbeiten.

Das gesamte belegte Backblech großzügig mit Olivenöl beträufeln.

Thymianzweige abzupfen und über die Focaccia verteilen. Im Backofen fertig backen.

Danach noch einmal mit etwas Olivenöl beträufeln.

Abschließend mit Meersalz verfeinern, dann ist die Focaccia servierfertig.

Baguettes

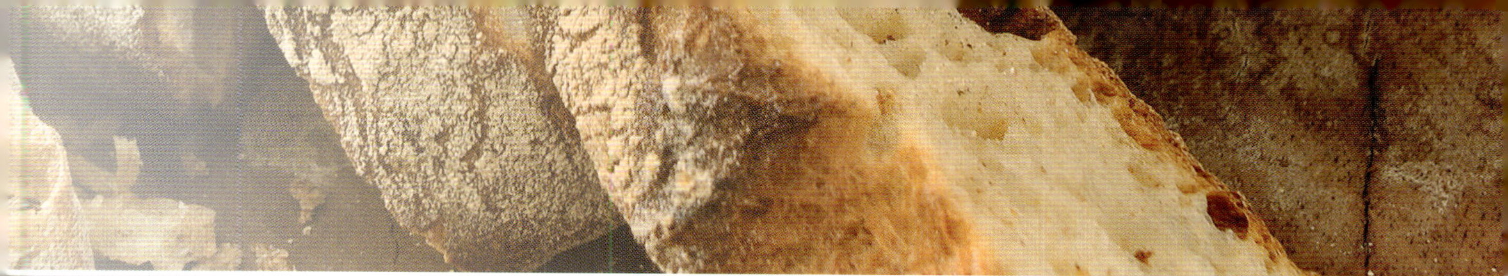

Baguette Tradition

1. Als Erstes Wasser und 400 g Weizenmehl in den Mixtopf einwiegen. Dann den Deckel verschließen und alles 20 Sekunden/ Stufe 1 vermischen. Anschließend die Masse mindestens 30-60 Minuten ruhen lassen.

2. Nun den Teig mit dem Spatel vom Messer lösen. Die restlichen 100 g Weizenmehl, Meersalz und Hefe zugeben und den Teig 2 ½ Minuten/ Teigstufe kneten.

3. Jetzt den fertigen Teig etwa 30 Minuten ruhen lassen. Anschließend mit bemehlten Händen 2-3 Brotlaibe daraus formen, zusammenlegen (S. 20) und wieder 30 Minuten ruhen lassen. Anschließend die Brotlaibe nach den Hinweisen auf S. 22 zu Baguettes formen. Nach einer weiteren Ruhephase von 30 Minuten sind die Baguettes bereit zum Backen.

4. Damit die Kruste knusprig wird, sollten die Baguettes beim Backen Wasserdampf ausgesetzt sein. Dazu unten in den Ofen eine ofenfeste Form mit etwa 300 ml Wasser stellen. Danach den Backofen auf 230 °C (Ober- und Unterhitze) vorheizen.

5. Die Baguettes nun mit ausreichendem Abstand auf ein mit Backpapier ausgelegtes Backblech legen und vor dem Backen mehrere Male schräg an der Oberfläche einschneiden. Nun können die Baguettes in den vorgeheizten Backofen.

6. Damit der Wasserdampf entweichen kann, die Ofentür nach etwa 10 Minuten Backzeit für kurze Zeit öffnen und die Backtemperatur danach auf 210 °C senken.

7. Die Baguettes sind nach etwa 18 bis 20 Minuten fertig!

Für ca. 3 Baguettes

330 g	kaltes Wasser
500 g	Weizenmehl Type 550
10 g	Meersalz
10 g	Hefe

Baguette Tradition Zwiebel

1. Als Erstes kaltes Wasser und 400 g Weizenmehl Type 550 in den Mixtopf einwiegen. Alles 20 Sekunden/ Stufe 1 verrühren und anschließend mindestens 15-30 Minuten ruhen lassen.

2. Nun den Teig mit dem Spatel vom Messer lösen. Danach 100 g Weizenmehl Type 1050, Salz und Hefe dazugeben und die Mischung 2 ½ Minuten/ Teigstufe kneten. 30 Sekunden vor Ablauf der Zeit die Röstzwiebeln durch die Deckelöffnung zugeben und mithilfe des Spatels untermischen.

3. Nun den fertigen Teig etwa 30 Minuten ruhen lassen. Anschließend mit bemehlten Händen 2-3 Brotlaibe daraus formen, zusammenlegen (S. 20) und wieder 30 Minuten ruhen lassen. Anschließend die Brotlaibe nach den Hinweisen auf S. 22 zu Baguettes formen. Weizenmehl auf die Arbeitsfläche streuen und das Brot rundherum darin wälzen. Nach einer weiteren Ruhephase von 30 Minuten sind die Baguettes bereit zum Backen.

4. Damit die Kruste knusprig wird, sollten die Baguettes beim Backen Wasserdampf ausgesetzt sein. Dazu unten in den Ofen eine ofenfeste Form mit etwa 300 ml Wasser stellen. Danach den Backofen auf 230 °C (Ober- und Unterhitze) vorheizen.

5. Die Baguettes nun mit ausreichendem Abstand zueinander auf ein mit Backpapier ausgelegtes Backblech legen und vor dem Backen mehrere Male mit einem scharfen Messer schräg an der Oberfläche einschneiden. Nun können die Baguettes in den vorgeheizten Backofen gegeben werden.

6. Damit der Wasserdampf entweichen kann, die Ofentür nach etwa 10 Minuten eine Zeitlang aufmachen und die Backtemperatur danach auf 210 °C senken.

7. Fertig sind die Baguettes Tradition Zwiebel nach etwa 18 bis 20 Minuten!

Für ca. 3 Baguettes

330 g	kaltes Wasser
400 g	Weizenmehl Type 550
100 g	Weizenmehl Type 1050
10 g	Meersalz
10 g	Hefe
70 g	Röstzwiebeln

Baguette Olive

1. Als Erstes eine kleine leere Schüssel auf den Mixtopfdeckel stellen und 130 g Oliven einwiegen. Diese gut mit klarem Wasser reinigen und zur Seite stellen.

2. Für den Teig Wasser und 400 g Weizenmehl in den Mixtopf geben, den Deckel verschließen und alles 20 Sekunden/ Stufe 1 verrühren. Danach den Teig mindestens 30-60 Minuten ruhen lassen.

3. Nun den Teig mit dem Spatel vom Messer lösen. Anschließend die restlichen 100 g Weizenmehl, Salz und Hefe zugeben und den Teig 2 Minuten/ Teigstufe kneten.

4. Die Oliven mit dem Spatel kurz untermischen und alles weitere 30-50 Sekunden/ Teigstufe kneten. Dabei den Spatel zur Unterstützung einsetzen.

5. Jetzt den fertigen Teig etwa 30 Minuten ruhen lassen. Dann mit bemehlten Händen 2-3 Brotlaibe daraus formen, wie auf Seite 20 geschildert zusammenlegen und wieder 30 Minuten ruhen lassen. Anschließend nach den Hinweisen auf S. 22 Baguettes aus den Brotlaiben formen. Nach einer letzten Ruhephase von 30 Minuten sind die Baguettes bereit zum Backen.

6. Wasserdampf sorgt dafür, dass die Kruste schön knusprig wird. Dazu unten in den Ofen eine ofenfeste Form mit etwa 300 ml Wasser stellen. Danach den Backofen auf 230 °C (Ober- und Unterhitze) vorheizen.

7. Die Baguettes nun mit ausreichendem Abstand auf ein mit Backpapier ausgelegtes Backblech legen und die Kräuter der Provence darüberstreuen. Vor dem Backen mit einem scharfen Messer mehrfach schräg die Oberfläche der Brote einschneiden. Nun können die Baguettes in den vorgeheizten Backofen eingebracht werden.

8. Damit die Feuchtigkeit abziehen kann, die Ofentür nach etwa 10 Minuten für kurze Zeit öffnen und die Backtemperatur danach auf 210 °C senken.

9. Die Baguettes Olive sind nach etwa 20 Minuten fertig und können zum Abkühlen auf Kuchengitter gelegt werden.

Für ca. 3 Baguettes

330 g	kaltes Wasser
500 g	Weizenmehl Type 550
10 g	Hefe
10 g	Meersalz
130 g	schwarze Oliven ohne Steine

Zusätzlich:
Kräuter der Provence zum Bestreuen.

Bierstange

1. Für den Bierstangenteig alle Teigzutaten bis auf das Meersalz – Weizenmehl, Roggenvolllkornmehl, Brotgewürz, die in 25 g Wasser aufgelöste Hefe, Wasser und Pils – in den Mixtopf geben und alles 10 Sekunden/ Stufe 3 durchmischen. Den Teig 10 Minuten ruhen lassen. Anschließend das Meersalz hinzufügen und noch einmal alles 10 Sekunden/ Stufe 3 vermischen. Danach den Teig 2 Minuten/ Teigstufe auskneten.

2. Nach dem Mischen den fertigen Teig ca. 30 Minuten ruhen lassen. Anschließend in 3 Stücke teilen und diese zusammenlegen (S. 20). Auf diese Weise noch etwa eine halbe Stunde ruhen lassen, dann die Brotlaibe zusammenfalten und mit bemehlten Händen längliche, baguetteähnliche Brotlaibe mit spitz zulaufenden Enden formen. Die Unterseite der Brote, den Schluss, in Roggenmehl wenden und die Brote danach noch einmal eine halbe Stunde ruhen lassen. Dadurch wird der Teig locker und luftig.

3. Um eine knusprige Kruste zu bekommen, muss beim Backen Wasserdampf erzeugt werden. Dazu etwa 300 ml Wasser in eine ofenfeste Form gießen und unten in den Ofen stellen. Anschließend den Ofen auf 230 °C (Ober- und Unterhitze) vorheizen.

4. Die Brotlaibe nun mit dem Schluss nach oben auf ein mit Backpapier ausgelegtes Backblech legen. Für einen würzig-pikanten Geschmack danach mit grobem Meersalz und Kümmel bestreuen.

5. Damit die Kruste nicht aufplatzt, die Bierstangen vor dem Backen der Länge nach oben einschneiden und dann mittig in den vorgeheizten Backofen schieben.

6. Um den überschüssigen Wasserdampf entweichen zu lassen, nach etwa 10 Minuten die Ofentür für kurze Zeit öffnen. Danach die Backtemperatur auf 210 °C senken.

7. Die Bierstangen sind nach etwa 17 Minuten ausgebacken.

Mixtipp: Die Bierstangen schmecken noch aromatischer, wenn sie eine Nacht lang mit einem Küchentuch bedeckt im Kühlschrank geruht haben!

Für ca. 3 Bierstangen

450 g	Weizenmehl Type 550
50 g	Roggenvollkornmehl
10 g	Meersalz
1 Prise	Brotgewürz
8 g	Hefe
75 g	kaltes Wasser
250 g	Eichbaum Ureich Premium Pils

Dekor:

2 Teile	grobes Meersalz zum Bestreuen
1 Teil	Kümmel zum Bestreuen

Giorgio Primo

1. Als Erstes für die Dekormischung den Parmesan und die Haselnüsse in Stücken im Mixtopf 5 Sekunden/ Stufe 10 zerkleinern und umfüllen. Anschließend die Zutaten für die Dekormischung umfüllen, beiseitestellen und den Mixtopf säubern.

2. Den Parmesankäse für den Teig jetzt in walnussgroßen Stücken in den Mixtopf einwiegen. Den Deckel verschließen, den Käse 5 Sekunden/ Stufe 5 zerkleinern und umfüllen. Der Mixtopf braucht nicht ausgewaschen zu werden.

3. Jetzt Wasser, Weizenmehl Type 550 und 100 g Dinkelmehl in den Mixtopf einwiegen. Den Deckel des Mixtopfs verschließen und alles 20 Sekunden/ Stufe 1 verrühren. Anschließend den Teig mindestens 15-30 Minuten ruhen lassen.

4. Nun den Teig mit dem Spatel vom Messer lösen. 100 g Dinkelmehl, Meersalz und die aufgelöste Hefe dazugeben. Dann den Mixtopf verschließen und den Teig 3 Minuten/ Teigstufe kneten. 30 Sekunden vor Ablauf der Zeit den gemahlenen Käse durch die Deckelöffnung zugeben. Dabei den Thermomix nicht ausschalten.

5. Als nächsten Schritt den fertigen Teig für 30 Minuten ruhen lassen. Anschließend aus dem Teig mit bemehlten Händen 2-3 Brotlaibe formen und zusammenlegen (S. 20). Die Laibe noch einmal 30 Minuten ruhen lassen und danach nach den Hinweisen auf S. 22 zu Baguettes formen. Nach einer weiteren Ruhephase von 30 Minuten sind die Giorgio Primos fertig zum Backen.

6. Damit die Kruste beim Backen knusprig wird, sollte sie Wasserdampf ausgesetzt sein. Dazu etwa 300 ml Wasser in eine flache, ofenfeste, rechteckige Form gießen und unten in den Backofen stellen. Danach den Ofen auf 230 °C (Ober- und Unterhitze) vorheizen.

7. Nun die Giorgio Primo-Baguettes auf dem mit Backpapier ausgelegten Backblech platzieren, ohne sie zu eng nebeneinander zu setzen. Für eine aromatische Kruste mit Olivenöl einpinseln und die Parmesan-Haselnuss-Mischung darüberstreuen.

8. Die Baguettes vor dem Backen mehrere Male längs einschneiden und dann in den vorgeheizten Ofen schieben.

9. Damit der Wasserdampf abziehen kann, nach etwa 10 Minuten die Ofentür für kurze Zeit aufmachen. Die Backtemperatur danach auf 210 °C senken.

10. Fertig sind die Giorgio Primos nach etwa 20 Minuten.

Für ca. 3 Brote

50 g	Parmesankäse in walnussgroßen Stücken
300 g	kaltes Wasser
300 g	Weizenmehl Type 550
200 g	Dinkelmehl Type 630
10 g	Meersalz
10 g	Hefe, in 30 g Wasser auflösen und zugeben.

Dekormischung:

1 Teil	Parmesankäse, gerieben
2 Teile	Haselnüsse, gemahlen

Olivenöl zum Bepinseln

Pain Bistrot Marius

1. Zuerst die Walnüsse 4 Sekunden/ Stufe 4 zerkleinern und in eine Schüssel umfüllen. 40 g Sonnenblumenkerne abwiegen und zu den Walnüssen geben.

2. Als Nächstes Wasser und Weizenmehl Type 550 in den Mixtopf wiegen. Mit dem Deckel verschließen und alles 15 Sekunden/ Stufe 2 vermischen. Anschließend die Masse mindestens 15-30 Minuten ruhen lassen und den Teig mit dem Spatel vom Messer lösen.

3. Jetzt die 100 g Dinkelmehl, Tomatenmark, Meersalz und die Hefe zugeben und alles 3 Minuten/ Teigstufe kneten. 30 Sekunden vor Ablauf der Zeit die Walnüsse und Sonnenblumenkerne durch die Deckelöffnung zugeben und unterkneten lassen.

4. Nun den fertigen Teig 30 Minuten ruhen lassen. Anschließend in 1-2 Brotlaibe teilen, zusammenlegen (S. 20) und noch einmal 30 Minuten ruhen lassen. Danach nach den Anweisungen auf S. 22 Baguettes aus den Brotlaiben formen. Nach einer weiteren Ruhephase von 30 Minuten sind die Brote bereit zum Backen.

5. Damit die Kruste der Baguettes schön knusprig wird, müssen sie beim Backen Wasserdampf ausgesetzt sein. Dazu etwa 300 ml Wasser in eine flache ofenfeste Form gießen und unten in den Ofen stellen. Danach den Ofen bei Ober- und Unterhitze auf 230 °C vorheizen.

6. Die Baguettes nicht zu dicht nebeneinander auf dem mit Backpapier ausgelegten Backblech platzieren. Für eine noch aromatischere Kruste die Kräuter der Provence darüber streuen.

7. Die Pains Bistrot Marius werden nun mit einem scharfen Messer auf der Oberseite 4 mal eingeschnitten, auf diese Weise platzt die Kruste nicht auf. Danach können sie in den vorgeheizten Ofen gegeben werden.

8. Um den überschüssigen Wasserdampf entweichen zu lassen, die Ofentür nach 10 Minuten Backzeit kurz öffnen. Danach die Backtemperatur auf 220 °C senken.

9. Fertig gebacken sind die Pains Bistrot Marius nach etwa 18 bis 20 Minuten.

Mixtipp: Wer größere Walnussstücke möchte, braucht diese vorher nicht zu zerkleinern.

Für 1-2 Brote

40 g	Walnüsse
40 g	Sonnenblumenkerne
300 g	kaltes Wasser
40 g	Tomatenmark, 3-fach konzentriert
400 g	Weizenmehl Type 550
100 g	Dinkelmehl Type 630
10 g	Meersalz
10 g	Hefe

Kräuter der Provence als Dekor

Pain Marly

1. Als Erstes Wasser und 350 g des Weizenmehls in den Mixtopf einwiegen und 20 Sekunden/ Stufe 1 mischen. Dann den Teig mindestens 30-60 Minuten ruhen lassen.

2. Nun den Teig mit dem Spatel vom Messer lösen. Die restlichen 150 g Weizenmehl, die geviertelten Kartoffeln, Meersalz, Hefe und Öl zugeben und alles 2 ½ Minuten/ Teigstufe kneten.

3. Anschließend sollte der Teig mindestens 30 Minuten ruhen. Nun werden 1-2 Brotlaibe aus dem Teig geformt und zusammengelegt (S. 20). Nachdem die Laibe weitere 30 Minuten geruht haben, werden Baguettes daraus geformt (Seite 22). Anschließend müssen sie erneut 30 Minuten ruhen.

4. Jetzt 300 ml Wasser in eine hitzebeständige Form geben und diese unten in den Ofen stellen. Der Wasserdampf, der beim Backen entsteht, macht die Kruste knusprig. Danach den Ofen auf 230 °C (Ober- und Unterhitze) vorheizen.

5. Die geformten Baguetteteiglinge mit Olivenöl bestreichen und anschließend das Meersalz über sie streuen. Das gibt eine besonders würzige Kruste. Ein schönes Muster erhält man, wenn man die Oberfläche der Baguettes mit einem scharfen Messer mehrfach in Rautenform einschneidet. Anschließend die Brote auf ein Backblech mit Backpapier legen und in den Ofen schieben.

6. Um den beim Backen entstandenen Wasserdampf aus dem Ofen zu entfernen, die Backofentür nach 10 Minuten kurz öffnen. Die Temperatur direkt danach auf 210 °C verringern.

7. Die Pains Marly sind nach ca. 20 Minuten ausgebacken.

Für 1 großes oder 2 kleine Brote

280 g kaltes Wasser
500 g Weizenmehl Type 550
100 g gekochte Grenaille-Kartoffeln, geviertelt
10 g Meersalz
10 g Hefe
10 g Öl

Zusätzlich:
Olivenöl zum Einstreichen
grobes Meersalz zum Bestreuen

MEDITERRANES

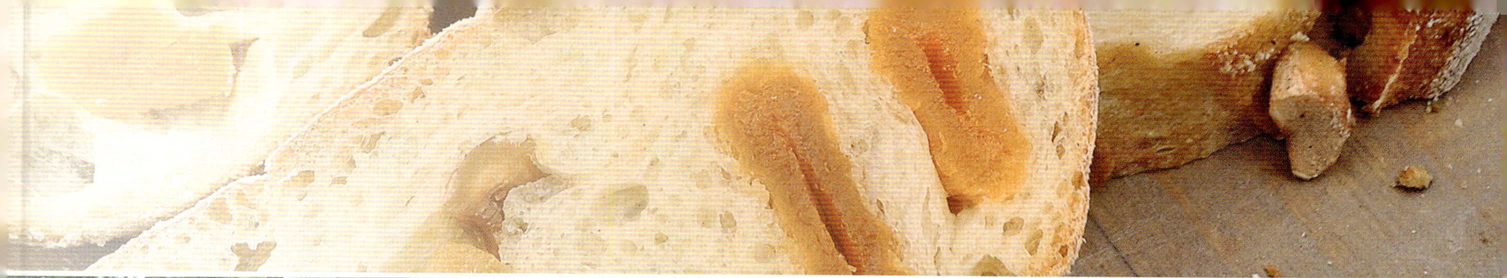

BÄCKEREI
KAPP
ARTISAN BOULANGE

Dinkel Mehl

Ciabatta

1. Als Erstes das Wasser und das Weizenmehl in den Mixtopf einwiegen, den Deckel verschließen und alles 20 Sekunden/ Stufe 1 vermischen. Danach den Teig mindestens 15-30 Minuten ruhen lassen.

2. Nun den Teig mit dem Spatel vom Messer lösen. Hartweizengrieß, Hefe, Meersalz und Öl zu der Teigmischung geben und alles 2 1/2 Minuten/ Teigstufe kneten. Dabei den Spatel zur Unterstützung einsetzen.

3. Den fertigen Teig jetzt aus dem Mixtopf nehmen und in einer großen Schüssel 30 Minuten ruhen lassen. Anschließend mit bemehlten Händen 1 Brotlaib daraus formen und ihn nach den Anweisungen auf S. 20 zusammenlegen. Nach weiteren 30 Minuten Ruhephase das Brot in seine endgültige Form bringen und auf einem mit Backpapier belegten Backblech noch einmal 30 Minuten ruhen lassen.

4. Damit die Brotkruste schön knusprig wird, muss sie Wasserdampf ausgesetzt sein. Dazu eine flache ofenfeste Form mit etwa 300 ml Wasser unten in den Ofen stellen und ihn danach bei Ober- und Unterhitze auf 230 °C vorheizen.

5. Vor dem Backen den Brotlaib schräg einschneiden und das Ciabatta anschließend in den Ofen geben.

6. Damit der überschüssige Wasserdampf abziehen kann, nach 10 Minuten Backzeit die Ofentür kurz aufmachen und danach die Backtemperatur auf 210 °C senken.

7. Das Ciabatta ist nach etwa 25 Minuten ausgebacken und kann auf einem Kuchengitter abkühlen.

Mixtipp: Aus diesem Teig können auch 10 sehr leckere Brötchen hergestellt werden.

Für 1 Ciabatta

330 g	kaltes Wasser
350 g	Weizenmehl Type 550
150 g	Hartweizengrieß
10 g	Hefe
10 g	Meersalz
20 g	Olivenöl

Pan Chorizo

1. Als Erstes Wasser, Milch, Weizenmehl und 100 g Weizengrieß in den Mixtopf geben und 20 Sekunden/ Stufe 1 verrühren. Danach den Teig mindestens 15-30 Minuten ruhen lassen.

2. Nun die Teigmasse vom Messer lösen, die restlichen 150 g Hartweizengrieß, Hefe und Meersalz zugeben und alles 3 Minuten/ Teigstufe kneten. 30 Sekunden vor Ablauf der Knetzeit die gewürfelte Chorizo durch die Deckelöffnung zugeben und mithilfe des Spatels untermischen.

3. Den fertigen Teig nun aus dem Mixtopf nehmen und in einer großen Schüssel für 30 Minuten zum Ruhen beiseitestellen. Nun mit bemehlten Händen den Teig zusammenlegen, wie in den Hinweisen auf S. 20 beschrieben, und noch einmal 30 Minuten ruhen lassen.

4. Nun den Teig mit einer Backrolle ausrollen, so dass das Brot rechteckig ist und gut auf das Backblech passt. Danach ein Backblech mit Backpapier belegen, das geformte Brot darauflegen und noch einmal für eine halbe Stunde ruhen lassen.

5. Damit die Brotkruste schön kross wird, sollte das Brot beim Backen Wasserdampf ausgesetzt sein. Dazu etwa 300 ml Wasser in eine flache ofenfeste Form gießen und unten in den Ofen stellen. Danach den Ofen bei Ober- und Unterhitze auf 230 °C vorheizen.

6. Bevor das Brot in den Ofen gegeben wird, behutsam ein Backofengitter auf das Pan Chorizo legen und Weizenmehl darüber streuen, so bekommt es sein charakteristisches Aussehen. Danach das Gitter wieder abnehmen und das Brot in den Ofen schieben.

7. Damit die überschüssige Feuchtigkeit abziehen kann, nach 10 Minuten Backzeit die Ofentür für kurze Zeit aufmachen und danach die Backtemperatur auf 215 °C senken.

8. Das Pan Chorizo benötigt zum Fertigbacken etwa 35 Minuten. Danach auf einem Kuchengitter abkühlen lassen.

Für 1 Brot

150 g	kaltes Wasser
150 g	kalte Milch
250 g	Weizenmehl Type 550
250 g	Hartweizengrieß
15 g	Olivenöl
15 g	Hefe
10 g	Meersalz
90 g	Chorizo, gewürfelt

Pain Breton

1. Für das Brühstück zuerst die Dinkelkörner mit 300 g kochendem Wasser übergießen, das Meersalz hinzufügen, mit einem Löffel umrühren und mindestens 12 Stunden im Kühlschrank ausquellen lassen.

2. Das Brühstück und die restlichen Zutaten am nächsten Tag 20 Sekunden / Stufe 1 mischen. Danach alles mindestens 15-30 Minuten gehen lassen.

3. Nun den Teig vom Messer lösen und die Mischung 3 Minuten/ Teigstufe kneten.

4. Als Nächstes den fertigen Teig aus dem Mixtopf nehmen und in einer großen Schüssel 30 Minuten ruhen lassen. Danach in 2 Teile teilen und diese behutsam mit bemehlten Händen zu Kugeln formen.

5. Anschließend die Brotkugeln noch einmal 30 Minuten ruhen lassen. Dann die Laibe in ihre finale längliche Form bringen. Großzügig Roggenmehl über die Arbeitsfläche streuen und die Brotlaibe darin wälzen, bis sie rundherum bedeckt sind. Nun werden die Brote mit einem Messer in zwei gleich große Teile geteilt.

6. Jetzt 2 Holzbackformen mit Einlegepapier auskleiden, einfetten und das grobe Meersalz hineinstreuen. Dabei die Formen hin- und herwenden, damit sich das Salz gleichmäßig verteilt. Die halbierten Brote in den Formen noch einmal zu einer 30-minütigen Ruhephase beiseitestellen.

7. Damit die Brotkruste beim Backen richtig knusprig wird, sollte sie Wasserdampf ausgesetzt sein. Dazu 300 ml Wasser in eine flache ofenfeste Form gießen und unten in den Ofen stellen. Danach den Ofen bei Ober- und Unterhitze auf 230 °C vorheizen.

8. Zum Backen nun die beiden Brote in ihren Formen auf ein Backblech stellen und in den Ofen geben.

9. Damit der Wasserdampf abziehen kann, nach etwa 10 Minuten Backzeit die Ofentür für kurze Zeit öffnen und die Backtemperatur danach auf 220 °C senken.

10. Die Pains Breton sind nach etwa 30 Minuten fertig! Zum Abkühlen auf Kuchengitter legen.

Für 2 Brote

100 g	Dinkelkörner
310 g	kochend heißes Wasser
10 g	Meersalz
400 g	Weizenmehl Type 550
10 g	Hefe

Roggenmehl zum Bestreuen
grobes Meersalz zum Ausstreuen der Form

Pain aux noix

1. Zuerst Wasser, 350 g Weizenmehl und 50 g Roggenmehl in den Mixtopf einwiegen. Den Mixtopf mit dem Deckel verschließen und alles 20 Sekunden / Stufe 1 verrühren. Dann den Teig mindestens 15-30 Minuten ruhen lassen.

2. Nun die Teigmasse mit dem Spatel vom Messer lösen, die restlichen 100 g Weizenmehl, Hefe und Meersalz hinzugeben und alles 2 ½ Minuten/ Teigstufe kneten. Etwa 30 Sekunden vor Ende der Knetzeit die Walnüsse durch die Deckelöffnung geben und mithilfe des Spatels untermischen.

3. Den fertigen Teig aus dem Mixtopf nehmen und in einer großen Schüssel 30 Minuten zum Ruhen beiseitestellen. Danach den Teig mit bemehlten Händen in 3 Teile teilen und nach den Hinweisen auf S. 20 zusammenlegen. Die Teiglinge anschließend noch einmal 30 Minuten ruhen lassen und dann mit bemehlten Händen in ihre finale runde Form bringen. Mit dem Schluss nach unten noch einmal für eine 30-minütige Ruhephase beiseitelegen.

4. Damit die Kruste beim Backen im Wasserdampf schön knusprig werden kann, etwa 300 ml Wasser in eine flache ofenfeste Form gießen und unten in den Ofen stellen. Danach den Ofen bei Ober- und Unterhitze auf 230 °C vorheizen.

5. Zum Backen nun ein Backblech mit Backpapier belegen. Darauf die 3 Brotlaibe mit dem Schluss nach oben darauf platzieren und die Brotoberfläche mit einem scharfen Messer einschneiden, auf diese Weise platzt die Kruste nicht auf. Nun können die Brote in den Backofen geschoben werden.

6. Um den überschüssigen Wasserdampf abziehen zu lassen, nach etwa 10 Minuten Backzeit die Ofentür für kurze Zeit aufmachen und danach die Backtemperatur auf 210 °C herunterstellen.

7. Die Pains aux noix sind nach etwa 20 Minuten ausgebacken und können auf Kuchengittern abkühlen!

Mixtipp: Ganze Walnüsse können als Erstes 2 Sekunden/ Stufe 5 zerkleinert werden!

Für 3 Brote

330 g	kaltes Wasser
450 g	Weizenmehl Type 550
50 g	Roggenvollkornmehl
10 g	Hefe
10 g	Meersalz
125 g	Walnüsse

Pain aux figues

1. Als Erstes die getrockneten Feigen 5 Stunden in Eiswasser einweichen.
2. Nun Wasser und Weizenmehl in den Mixtopf einwiegen, den Deckel verschließen und alles 20 Sekunden/ Stufe 1 vermischen. Danach den Teig mindestens 15-30 Minuten ruhen lassen.
3. Dann mit dem Spatel den Teig vom Messer lösen. Dinkelmehl, Meersalz und Hefe zugeben und den Teig 2 ½ Minuten/ Teigstufe kneten.
4. Anschließend den Thermomix ausschalten, den Deckel öffnen und die gut abgetropften Feigen mit dem Spatel unterheben. Den Teig weitere 30 Sekunden/ Teigstufe kneten und dabei den Spatel zur Unterstützung einsetzen.
5. Als Nächstes den fertigen Teig aus dem Mixtopf nehmen und in einer großen Schüssel 30 Minuten ruhen lassen. Danach 2-3 Brotlaibe gleicher Größe daraus formen und, wie es auf S. 20 beschrieben ist, zusammenlegen.
6. Anschließend die Brotlaibe noch einmal 30 Minuten ruhen lassen. Dann die Laibe in ihre finale kleine, längliche Form bringen und für eine weitere Ruhephase von 30 Minuten beiseitestellen.
7. Damit die Brotkruste beim Backen richtig knusprig wird, sollte sie Wasserdampf ausgesetzt sein. Dazu 300 ml Wasser in eine flache ofenfeste Form gießen und unten in den Ofen stellen. Danach den Ofen bei Ober- und Unterhitze auf 230 °C vorheizen.
8. Zum Backen die Pains aux figues auf ein mit Backpapier belegtes Backblech legen und ihre Oberfläche mehrfach in Rautenform einschneiden. Dann können sie in den Ofen.
9. Damit die Feuchtigkeit entweichen kann, nach etwa 10 Minuten Backzeit die Ofentür für kurze Zeit öffnen und die Backtemperatur danach auf 210 °C senken.
10. Die Pains aus figues sind nach etwa 18-20 Minuten ausgebacken und können zum Abkühlen auf Kuchengitter gelegt werden.

Für 2-3 Brote

300 g	kaltes Wasser
350 g	Weizenmehl Type 550
150 g	Dinkelvollkornmehl
10 g	Hefe
10 g	Meersalz
300 g	getrocknete Feigen

CHAPEAU

1. Als Erstes das Roggenmehl auf einem mit Backpapier belegten Backblech verteilen und bei 150 °C im Backofen rösten. Anschließend abkühlen lassen.

2. Für den Sauerteig 80 g Wasser im Mixtopf auf Stufe 1 erhitzen, bis es 30 °C erreicht hat. Dann die 100 g Weizenmehl und das Anstellgut dazugeben und alles 10 Sekunden/ Stufe 3 verrühren. Danach die Teigmischung für 10 Minuten ruhen lassen.

3. Für den Teig das Wasser und die 300 g Weizenmehl auf den Sauerteig im Mixtopf geben, den Deckel verschließen und alles 20 Sekunden / Stufe 1 vermischen. Danach den Teig mindestens 15-30 Minuten ruhen lassen.

4. Nun den Teig mit dem Spatel vom Messer lösen. Das geröstete Roggenmehl, Meersalz und Hefe zugeben und alles 2 ½ Minuten/ Teigstufe verkneten.

5. Den fertigen Teig aus dem Mixtopf nehmen und in einer großen Schüssel 30 Minuten zum Ruhen beiseitestellen. Danach mit bemehlten Händen behutsam 1-2 Kugeln aus dem Teig formen und diese noch einmal 30 Minuten ruhen lassen.

6. Jetzt die Brote nach den Anweisungen auf S. 30/31 mit einem gerundeten Holzstab in die chapeau-typische Form bringen.

7. Ein Backblech mit Backpapier belegen und die Brote mit dem Schluss nach unten darauf legen.

8. Damit die Brotkruste beim Backen schön knusprig wird, sollte sie mit Wasserdampf in Kontakt kommen. Dazu etwa 300 ml Wasser in eine flache ofenfeste Form gießen und unten in den Ofen stellen. Den Ofen dann auf 235 °C (Ober-/Unterhitze) vorheizen.

9. Vor dem Backen die Brote auf dem Backblech umdrehen, so dass der Schluss oben liegt, und sie mit Roggenmehl bestäuben. Nun können sie in den warmen Ofen eingebracht werden.

10. Damit der Wasserdampf abziehen kann, nach 10 Minuten kurz die Ofentür aufmachen und die Backtemperatur danach auf 215 °C senken.

11. Die Chapeaus sind nach etwa 40 Minuten ausgebacken.

Für 1-2 Brote

Weizensauerteig (siehe Rezept S. 18-19):

80 g	Wasser (30 °C)
100 g	Weizenmehl Type 1050
2 g	Anstellgut (Grundstock zum Ansetzen von Sauerteig)

Teig:

240 g	Wasser
180 g	Weizensauerteig
300 g	Weizenmehl Type 550
100 g	Roggenmehl Type 1150 (geröstet)
10 g	Meersalz
10 g	Hefe

Pain aux noisettes

1. Als Erstes das Roggenmehl auf einem mit Backpapier belegten Backblech verteilen und bei 150 °C im Backofen rösten. Anschließend abkühlen lassen. Nun eine kleine Schüssel auf den Deckel des Thermomix stellen, die Nüsse einwiegen und beiseitestellen.

2. Für den Sauerteig 80 g Wasser im Mixtopf auf Stufe 1 erhitzen, bis es 30 °C erreicht hat. Dann das Weizenmehl und das Anstellgut dazugeben und alles 10 Sekunden/ Stufe 3 verrühren. Danach die Teigmischung für 10 Minuten ruhen lassen.

3. Auf den angesetzten Sauerteig im Mixtopf nun Weizenmehl und Wasser geben und alles 20 Sekunden/ Stufe 1 mischen. Anschließend den Teig mindestens 15-30 Minuten ruhen lassen.

4. Jetzt den Teig mit dem Spatel vom Messer lösen und die 100 g geröstetes Roggenmehl, Hefe und Meersalz hinzufügen. Alles 2 ½ Minuten/ Teigstufe verkneten.

5. 30 Sekunden vor Ende des Verknetens die bereits abgewogenen Erdnüsse, Walnüsse und Haselnüsse durch die Deckelöffnung zugeben und unterkneten lassen. Bei Bedarf den Spatel zur Unterstützung einsetzen.

6. Den fertigen Teig aus dem Mixtopf nehmen und 30 Minuten zum Ruhen beiseitestellen. Mit bemehlten Händen behutsam zu 2 Kugeln formen und diese noch einmal 30 Minuten ruhen lassen. Danach die runden Brote auf ein mit Backpapier belegtes Backblech legen.

7. Damit die Brotkruste schön knusprig wird, beim Backen zur Entwicklung von Wasserdampf eine flache ofenfeste Form mit etwa 300 ml Wasser unten in den Ofen stellen und den Ofen dann auf 235 °C (Ober-/Unterhitze) vorheizen.

8. Vor dem Backen die Pains aux noisettes mit Roggenmehl bestreuen und die Brotoberfläche kreuzweise einschneiden. Dann können die Brote in den Ofen eingebracht werden.

9. Damit die Feuchtigkeit entweichen kann, nach 10 Minuten kurz die Ofentür aufmachen und die Backtemperatur danach auf 215 °C senken.

10. Die Pains aux noisettes sind nach etwa 40 Minuten ausgebacken.

Für 2 Brote

Weizensauerteig (siehe Rezept S. 18-19):

80 g	Wasser (30 °C)
100 g	Weizenmehl Type 1050
2 g	Anstellgut (Grundstock zum Ansetzen von Sauerteig)

Teig:

180 g	Weizensauerteig
240 g	Wasser
300 g	Weizenmehl Type 550
100 g	Roggenmehl Type 1150 (geröstet)
10 g	Hefe
10 g	Meersalz
50 g	Erdnüsse
30 g	Walnüsse
30 g	Haselnüsse

Focaccia Kräuter

1. Als Erstes 20 g Thymian abzupfen, in ein Glas geben, mit 10 g Olivenöl übergießen und für mindestens 3 Stunden marinieren.

2. Jetzt das kalte Wasser, Dinkelmehl und 150 g vom Hartweizengrieß in den Mixtopf geben und 20 Sekunden/ Stufe 1 verrühren. Danach die Teigmasse mindestens 15-30 Minuten ruhen lassen.

3. Nun den Teig mit dem Spatel vom Rührmesser ablösen. Die restlichen 150 g Hartweizengrieß, Hefe, Meersalz und marinierten Thymian zugeben und alles 3 Minuten/ Teigstufe verkneten.

4. Den fertigen Teig aus dem Mixtopf nehmen und in einer großen Schüssel 30 Minuten zum Ruhen beiseitestellen. Danach den Teig behutsam zusammenlegen, wie es auf S. 20 beschrieben ist, und ihn noch einmal 30 Minuten ruhen lassen.

5. Als Nächstes den Brotlaib mit bemehlten Händen behutsam flach drücken, bis er ungefähr die Größe des Backblechs erreicht hat. Ein Backblech mit Backpapier auslegen, die Focaccia darauflegen und noch einmal für eine halbe Stunde ruhen lassen.

6. Damit die Brotkruste beim Backen in Wasserdampf schön knusprig werden kann, etwa 300 ml Wasser in einer ofenfesten Form unten in den Ofen stellen. Danach den Ofen bei Ober- und Unterhitze auf 230 °C vorheizen.

7. Während der Ofen vorheizt mit den Fingerspitzen in regelmäßigen Abständen Löcher in die Teigoberfläche drücken. Dann das Olivenöl darübergießen, so dass es sich gleichmäßig verteilt, und den Thymian darüber verteilen. Anschließend kann die Focaccia zum Backen in den Ofen geschoben werden.

8. Damit der überschüssige Dampf abziehen kann, nach 10 Minuten Backzeit kurz die Ofentür aufmachen. Danach die Backtemperatur auf 220 °C senken.

9. Die Focaccia Kräuter ist nach etwa 35 Minuten ausgebacken.

10. Zum Schluss gleichmäßig das grobe Meersalz über die Focaccia streuen.

Für 1 Focaccia

330 g	kaltes Wasser
200 g	Dinkelmehl Type 630
300 g	Hartweizengrieß
10 g	Hefe
10 g	Meersalz
20 g	Thymian, frisch
10 g	Olivenöl

Zusätzlich:

10 g	Olivenöl zum Aufgießen
20 g	Thymian, frisch, zum Bestreuen

Meersalz zum Bestreuen

Focaccia Kartoffel

1. Zuerst Wasser, Weizenmehl und 100 g vom Hartweizengrieß in den Mixtopf geben und alles 20 Sekunden/ Stufe 1 verrühren. Die Mischung danach mindestens 15-30 Minuten ruhen lassen.

2. Nun die Teigmasse mit dem Spatel vom Messer ablösen, die restlichen 150 g Hartweizengrieß, Hefe, Meersalz und Mohnöl hinzugeben und alles 3 Minuten /Teigstufe kneten.

3. Den fertigen Teig aus dem Mixtopf nehmen und zum Ruhen für 30 Minuten in einer großen Schüssel beiseitestellen. Anschließend mit bemehlten Händen 2 Brotlaibe aus dem Teig formen und zusammenlegen, wie es auf S. 20 beschrieben ist. Dann die Teiglinge noch einmal 30 Minuten ruhen lassen.

4. Jetzt die Brotlaibe behutsam flach ausdrücken. Danach auf ein mit Backpapier belegtes Backblech legen und noch einmal 30 Minuten ruhen lassen. Währenddessen die zuvor gekochten Grenaille-Kartoffeln in Hälften schneiden.

5. Damit die Brotkruste beim Backen in Wasserdampf schön knusprig werden kann, etwa 300 ml Wasser in einer ofenfesten Form unten in den Ofen stellen. Danach den Ofen bei Ober- und Unterhitze auf 230 °C vorheizen.

6. Vor dem Backen die beiden Brotlaibe mit Olivenöl einpinseln. Je 6 der halben Grenaille-Kartoffeln gleichmäßig verteilt in den Teig hineindrücken und die Focaccias mit gemahlenen Haselnüssen und Parmesan bestreuen.

7. Nun sind die Focaccias backfertig und können in den Ofen geschoben werden.

8. Damit der überschüssige Dampf abziehen kann, nach 10 Minuten Backzeit kurz die Ofentür aufmachen. Danach die Backtemperatur auf 220 °C senken.

9. Fertig sind die Focaccias nach etwa 20 Minuten und können zum Abkühlen auf ein Kuchenrost gelegt werden.

Mixtipp: Der Parmesankäse für das Dekor kann zu Beginn im Mixtopf auf Stufe 6 zerkleinert werden.

Für 2 Focaccias

330 g	kaltes Wasser
250 g	Weizenmehl Type 550
250 g	Hartweizengrieß
10 g	Hefe
10 g	Meersalz
10 g	Mohnöl
6	Grenaille-Kartoffeln, festkochende Sorte, gekocht, zum Belegen

Zusätzlich:
Olivenöl zum Einstreichen
Haselnüsse, geröstet und gemahlen
Parmesankäse zum Bestreuen

Pane di Castagne

1. Für den Teig Wasser, 350 g des Weizenmehls und das Kastanienmehl in den Mixtopf einwiegen und 10 Sekunden/ Stufe 2 verrühren. Anschließend mindestens 15-30 Minuten gehen lassen.

2. Nun den Teig mit dem Spatel vom Messer ablösen. Die übrigen 100 g Weizenmehl, Meersalz, Hefe sowie die Kastanien zugeben und alles 2 ½ Minuten/ Teigstufe kneten. Danach den Teig aus dem Topf fallen lassen und mit leicht bemehlten Händen zu einer Kugel formen.

3. Jetzt den fertigen Teig 30 Minuten ruhen lassen und anschließend mit bemehlten Händen zu ca. 2-3 Brotlaiben formen. Diese zusammenlegen (wie auf S. 20 beschrieben) und noch einmal 30 Minuten ruhen lassen. Anschließend mit bemehlten Händen ca. 2-3 runde Brote aus den Laiben formen. Für weitere 30 Minuten Ruhephase mit dem Schluss nach unten liegen lassen.

4. Damit die Brotkruste beim Backen im Wasserdampf schön kross werden kann, ca. 300 ml Wasser in eine ofenfeste, flache Form gießen und unten in den Ofen stellen. Danach den Ofen bei Ober- und Unterhitze auf 230 °C vorheizen.

5. Die Brote mit dem Schluss nach oben auf einem mit Backpapier belegten Backblech platzieren und dabei ausreichend Platz zwischen ihnen lassen. Vor dem Backen die Oberfläche der Brote mit einem scharfen Messer einschneiden. Anschließend können sie in den Backofen geschoben werden.

6. Damit der Wasserdampf abziehen kann, 10 Minuten nach Beginn der Backzeit die Ofentür für kurze Zeit aufmachen. Danach die Backtemperatur auf 210 °C senken.

7. Die Pane di Castagne sind nach etwa 20 Minuten fertig und können zum Abkühlen auf Kuchengitter gesetzt werden.

Mixtipp: Wer größere Kastanienstücke möchte, kann die Kastanien 30 Sekunden vor Knetende durch die Deckelöffnung geben und mithilfe des Spatels unterrühren.

Für 3 Brote

300 g	kaltes Wasser
450 g	Weizenmehl Type 550
50 g	Kastanienmehl
10 g	Meersalz
10 g	Hefe
30 g	Wasser
125 g	gekochte Kastanien

Pane Aprikose-Haselnuss

1. Als Erstes die Haselnüsse 3 Sekunden / Stufe 4 im Mixtopf hacken. Dann auf ein mit Backpapier belegtes Backblech geben und im Backofen bei 140 °C ca. 10 Minuten goldbraun rösten.

2. Nun die getrockneten Aprikosen 4 Stunden in kaltem Wasser einweichen. Anschließend im Küchensieb abtropfen lassen, trocken tupfen und in einer Schüssel zur Seite stellen.

3. Für den Teig Wasser und Weizenmehl in den Mixtopf einwiegen, ihn mit dem Deckel verschließen und alles 20 Sekunden/ Stufe 1 verrühren. Danach den Teig mindestens 15-30 Minuten ruhen lassen.

4. Anschließend den Teig mit dem Spatel vom Messer lösen. Jetzt Weizenvollkornmehl, Meersalz, Hefe und Butter zugeben und alles 3 Minuten/ Teigstufe kneten. 1 Minute vor Ablauf der Zeit die abgetropften Aprikosen durch die Deckelöffnung geben und mithilfe des Spatels untermischen.

5. Den fertigen Teig 30 Minuten ruhen lassen. Anschließend mit bemehlten Händen behutsam zu 3 Brotlaiben gleicher Größe formen und zusammenlegen. Die genaue Erklärung zu diesem Arbeitsschritt findet sich auf Seite 20. Nach einer weiteren Ruhephase von 30 Minuten können die Brotlaibe in ihre finale längliche Form gebracht werden. Vor dem Backen noch einmal 30 Minuten ruhen lassen.

6. Beim Backen in Wasserdampf bekommt das Brot eine besonders krosse Kruste. Daher unten in den Ofen eine flache ofenfeste Form mit etwa 300 ml Wasser stellen und den Backofen anschließend bei Ober- und Unterhitze auf 230 °C vorheizen.

7. Nun ein Backblech mit Backpapier auslegen und die 3 Brote mit ausreichendem Abstand zueinander darauf legen. Vor dem Backen die Oberfläche der Brote mit einem scharfen Messer längs einschneiden, auf diese Weise platzt die Kruste nicht auf.

8. 10 Minuten nach Beginn der Backzeit die Ofentür für kurze Zeit öffnen, damit der überschüssige Wasserdampf entweichen kann. Danach die Backtemperatur auf 210 °C senken.

9. Die Pane Aprikose-Haselnuss sind nach etwa 18 -20 Minuten fertig und können zum Abkühlen auf Kuchengitter gelegt werden.

Für 3 Brote

100 g	Haselnüsse
300 g	getrocknete Aprikosen
300 g	kaltes Wasser
350 g	Weizenmehl Type 550
150 g	Weizenvollkornmehl
10 g	Meersalz
10 g	Hefe
20 g	Butter

Pane Karotte-Ingwer

1. Zuerst den Ingwer schälen, in den Mixtopf geben und 5 Sekunden/ Stufe 5 zerkleinern. Dann die Karotten in ca. 5 cm großen Stücken zum zerkleinerten Ingwer dazugeben und nochmals 3 Sekunden/ Stufe 4 zerkleinern. Danach Ingwer- und Karottenstückchen in eine Schüssel umfüllen und beiseitestellen. Der Mixtopf muss danach nicht gereinigt werden.

2. Nun Wasser und Weizenmehl in den Mixtopf einwiegen und mit dem Deckel verschließen. Alles 20 Sekunden/ Stufe 1 verrühren. Anschließend den Teig mindestens 15-30 Minuten ruhen lassen.

3. Jetzt den Teig mit dem Spatel vom Messer lösen. Dinkelmehl, Hefe und Meersalz dazugeben und alles 2 ½ Minuten/ Teigstufe kneten. Nach 1 ½ Minuten die Karotten und Ingwerstücke durch die Deckelöffnung hinzufügen und mitkneten lassen. Anschließend den Teig aus dem Topf nehmen und mit leicht bemehlten Händen zu einer Kugel formen.

4. Die Teigkugel nun etwa 30 Minuten ruhen lassen und anschließend mit bemehlten Händen 2-3 Brotlaibe gleicher Größe daraus formen und zusammenlegen. Dieser Schritt ist auf S. 20 genauer erklärt. Anschließend die Brotlaibe noch einmal 30 Minuten ruhen lassen.

5. Nun können die Brotlaibe in ihre finale längliche Form gebracht werden. Für eine schöne Kruste Weizenmehl über die Arbeitsfläche verteilen und die Brote darin wälzen. Danach sollten sie noch einmal 30 Minuten ruhen.

6. Wenn die Brote beim Backen mit Wasserdampf in Kontakt kommen, wird die Kruste besonders kross. Dazu eine flache ofenfeste Form mit etwa 300 ml Wasser unten in den Backofen stellen. Danach den Ofen bei Ober- und Unterhitze auf 230 °C vorheizen.

7. Die 2-3 Pane Karotte-Ingwer jetzt mit ausreichend Abstand zueinander auf das mit Backpapier belegte Backblech legen. Die Oberfläche wird vor dem Backen mit einem scharfen Messer mehrfach in Rautenform eingeschnitten. Nun können die Brote in den Ofen geschoben werden.

8. Um den überschüssigen Wasserdampf entweichen zu lassen, die Ofentür nach 10 Minuten Backzeit kurz aufmachen. Danach die Backtemperatur auf 210 °C senken.

9. Die Pane Karotte-Ingwer sind nach etwa 18-20 Minuten fertig und können zum Abkühlen auf Kuchengitter gelegt werden.

Für 2-3 Brote

5 g	frischer Ingwer
75 g	Karotten
300 g	kaltes Wasser
350 g	Weizenmehl Type 550
150 g	Dinkelmehl Type 630
10 g	Meersalz
10 g	Hefe

Fougasse Amore

1. Zuerst Wasser und Weizenmehl in den Mixtopf einwiegen, ihn mit dem Deckel verschließen und alles 20 Sekunden/ Stufe 1 verrühren. Danach den Teig mindestens 15-30 Minuten ruhen lassen.

2. Nun die Teigmasse mit dem Spatel vom Messer ablösen. Dann Hartweizengrieß, Meersalz, Hefe und Olivenöl dazugeben und den Teig 3 Minuten/Teigstufe kneten.

3. Den fertigen Teig aus dem Mixtopf nehmen und in einer großen Schüssel für 30 Minuten zum Ruhen beiseitestellen. Anschließend den Teig halbieren und zusammenlegen, wie es auf S. 20 beschrieben ist.

4. Nachdem die Brotlaibe noch einmal 30 Minuten geruht haben, mit bemehlten Händen in ihre finale flache Form bringen. Ein Backblech mit Backpapier belegen, die 2 Fougasses mit ausreichend Abstand zueinander darauf legen und noch einmal 30 Minuten ruhen lassen.

5. Damit die Kruste der Fougasses schön knusprig wird, sollten sie beim Backen mit Wasserdampf in Kontakt kommen. Dazu eine flache ofenfeste Form mit etwa 300 ml Wasser unten in den Ofen stellen und danach den Ofen bei Ober- und Unterhitze auf 230 °C vorheizen.

6. Vor dem Backen die Fougasses mit etwas Olivenöl einpinseln. Nun die Kräuter und das Meersalz mischen und rundherum auf den Rand der Brote streuen. Die Cherrytomaten hälfteln und gleichmäßig verteilt in den Teig drücken. Danach können die Fougasses in den Ofen geschoben werden.

7. Damit die überschüssige Feuchtigkeit abziehen kann, nach etwa 10 Minuten Backzeit für kurze Zeit die Ofentür aufmachen und anschließend die Backtemperatur auf 220 °C reduzieren.

8. Die Fougasses Amore sind nach etwa 20 Minuten ausgebacken und können auf Kuchengittern abkühlen.

Für 2 Fougasses:

330 g	kaltes Wasser
400 g	Weizenmehl Type 550
100 g	Hartweizengrieß
10 g	Hefe
10 g	Meersalz
10 g	Olivenöl
16	Cherrytomaten, zum Belegen.

Zusätzlich:

Olivenöl zum Einstreichen
Grobes Meersalz und Kräuter der Provence zum Bestreuen.

Sauerteigbrote

Team

Bauernbrot

1. Für den Sauerteig als Erstes das Wasser im Mixtopf auf Stufe 1 erhitzen, bis es 30 °C warm ist. Dann das Roggenmehl und das Anstellgut in den Mixtopf geben und alles 10 Sekunden/ Stufe 3 vermischen. Danach die Teigmischung für 10 Minuten ruhen lassen, das ist wichtig, damit die Komponenten gut verquellen können.

2. Anschließend die übrigen Zutaten, Weizenmehl, Roggenmehl, Meersalz, warmes Wasser und die in 25 g Wasser aufgelöste Hefe, hinzufügen und alles 10 Sekunden/ Stufe 3 durchmischen. Danach den Teig nochmals 2 Minuten/ Teigstufe auskneten.

3. Nun den Brotteig aus dem Mixtopf nehmen und an einem warmen Ort 40 Minuten ruhen lassen. Danach mit bemehlten Händen behutsam zu einer Kugel formen.

4. Anschließend die Teigkugel noch einmal für eine gute halbe Stunde ruhen lassen. Dann mit bemehlten Händen einen Brotlaib aus der Kugel formen und auf ein mit Backpapier belegtes Backblech legen.

5. Damit das Brot eine schöne, knusprige Kruste bekommt, muss es in Wasserdampf backen. Dazu 300 ml Wasser in eine ofenfeste Form gießen und diese unten in den Ofen stellen. Jetzt den Backofen auf 235 °C (Ober- und Unterhitze) vorheizen, so kommt das Brot direkt bei der richtigen Backtemperatur in den Ofen.

6. Den Brotlaib mit Roggenmehl bestäuben, bevor er in den Ofen gegeben wird.

7. Damit der überschüssige Wasserdampf abziehen kann, nach etwa 10 Minuten die Ofentür für einige Zeit öffnen und danach die Backtemperatur auf 215 °C senken.

8. Das Bauernbrot ist nach etwa 40 Minuten fertig. Zum Abkühlen auf ein Kuchengitter legen.

Für 1 Brot

Roggensauerteig (siehe Rezept S. 18-19):

150 g	Wasser (30°C)
190 g	Roggenmehl Type 1150

Haselnussgroße Portion Anstellgut
(Grundstock zum Ansetzen von Sauerteig)

Teig:

340 g	Sauerteig (oder 1 Tüte Alnatura)
150 g	Weizenmehl Type 550
210 g	Roggenmehl Type 1150
10 g	Meersalz
170 g	warmes Wasser – 200gr Wasser wenn
8 g	Hefe

+ Kürbis / Sonnen / Sesam Körner

Mühlenbrot

1. Zunächst für das Quellstück 150 g Wasser in den Mixtopf geben und darin auf Stufe 1 erwärmen, bis es eine Temperatur von 40 °C erreicht hat. Dann Dinkelschrot, Kürbiskerne, Leinsaat und Amaranth hinzufügen und alles 5 Sekunden/ Stufe 3 verrühren. Anschließend das Quellstück in eine Schüssel geben und dort abgedeckt drei Stunden ziehen lassen. Vor der weiteren Zubereitung den Mixtopf kurz auswaschen.

2. Für den Sauerteig nun das Wasser im Mixtopf auf Stufe 1 erhitzen, bis es 30 °C warm ist. Dann das Roggenmehl und das Anstellgut in den Mixtopf geben und alles 10 Sekunden/ Stufe 3 vermischen. Danach die Teigmischung für 10 Minuten ruhen lassen, das ist wichtig für die Verquellung der Komponenten.

3. Anschließend für die Zubereitung des Brotteigs das Quellstück in den Mixtopf dazugeben und auch alle weiteren Zutaten, Roggenmehl, Weizenmehl, Meersalz, warmes Wasser und die in 25 g Wasser aufgelöste Hefe, hinzufügen. Den Teig zunächst 10 Sekunden/ Stufe 3 durchmischen. Danach den Teig nochmals 2 Minuten/ Teigstufe auskneten.

4. Nun den fertigen Teig aus dem Mixtopf nehmen und in einer Schüssel 40 Minuten ruhen lassen. Danach einen runden Brotlaib daraus formen.

5. Den Brotlaib jetzt für eine weitere halbe Stunde ruhen lassen. Anschließend mit bemehlten Händen zu einem flachen runden Brot formen. Ein Backblech mit Backpapier belegen und das Brot darauf setzen.

6. Damit die Kruste des Brotes schön knusprig wird, muss eine Schale mit Wasser in den Ofen gestellt werden. Dazu am besten 300 ml Wasser in eine ofenfeste, rechteckige Form gießen und diese unten in den Ofen stellen. Danach den Ofen auf 235 °C (Ober- und Unterhitze) vorheizen.

7. Das Brot mit Roggenmehl bestäuben. Damit das Bild eines Mühlrads auf der Oberfläche entsteht, das Brot sternförmig einschneiden und dabei in der Mitte einen ca. 2 - 3 cm großen Kreis aus Teig belassen. Das Brot dann auf dem Backblech in den Backofen geben.

8. Nachdem 10 Minuten Backzeit um sind, für kurze Zeit die Ofentür öffnen, damit der Wasserdampf entweichen kann. Danach die Temperatur auf 215 °C senken.

9. Das Mühlenbrot ist nach ca. 40 Minuten fertig.

Für 1 Brot

Quellstück:

150 g	Wasser (40 °C)
50 g	Dinkelschrot
50 g	Kürbiskerne
25 g	Leinsaat
25 g	Amaranth

Roggensauerteig (siehe Rezept S. 18-19):

120 g	Wasser (30 °C)
150 g	Roggenmehl Type 1150

eine haselnussgroße Menge Anstellgut (Grundstock zum Ansetzen von Sauerteig)

Teig:

270 g	Roggensauerteig
300 g	Quellstück
150 g	Roggenmehl Type 1150
150 g	Weizenmehl Type 550
10 g	Meersalz
8 g	Hefe
110 g	warmes Wasser (22 °C)

Landbäcker

1. Zuerst für den Sauerteig das Wasser im Mixtopf auf Stufe 1 erwärmen, bis es eine Temperatur von 30 °C hat. Dann das Roggenmehl und das Anstellgut in den Mixtopf geben und alles 10 Sekunden/ Stufe 3 vermischen. Anschließend die Sauerteigmischung für 10 Minuten ruhen lassen, das ist wichtig, damit die Komponenten gut verquellen können.

2. Nach den 10 Minuten die übrigen Zutaten für den Teig – Roggenmehl, Roggenvollkornmehl, Dinkelmehl, Dinkelvollkornmehl, Meersalz, Jiaogulan-Gewürz, die in 25 g Wasser aufgelöste Hefe und Wasser – hinzugeben und alles 10 Sekunden/ Stufe 3 durchmischen. Danach den Teig nochmals 2 Minuten/ Teigstufe auskneten.

3. Nun den fertigen Brotteig aus dem Mixtopf nehmen und 40 Minuten ruhen lassen. Danach aus dem Teig behutsam eine Kugel formen, ohne sie zu kräftig zu kneten.

4. Jetzt die Teigkugel noch einmal für 30 Minuten ruhen lassen und anschließend zu einem runden Brot formen. Zum Backen ein Backblech mit Backpapier belegen und das Brot mittig darauf platzieren, so kann es von allen Seiten gleichmäßig gebacken werden.

5. Damit die Kruste schön kross wird, muss das Brot beim Backen Wasserdampf ausgesetzt sein. Dazu etwa 300 ml Wasser in eine ofenfeste Form gießen und diese unten in den Ofen stellen. Anschließend den Ofen auf 235 °C (Ober-/Unterhitze) vorheizen.

6. Für eine noch schönere Kruste das Brot vor dem Backen mit Wasser bepinseln und einige Löcher hineinbohren, das sorgt dafür, dass die Kruste nicht abplatzt. Dann den Brotlaib in den vorgeheizten Ofen schieben.

7. Damit der überschüssige Wasserdampf entweichen kann, sollte man nach ca. 10 Minuten für kurze Zeit die Offentür öffnen und danach die Backtemperatur auf 215 °C senken.

8. Der Landbäcker ist nach etwa 40 Minuten fertig und kann zum Abkühlen auf ein Kuchenrost.

Für 1 Brot

Roggensauerteig (siehe Rezept S. 18-19):

120 g Wasser (30 °C)
150 g Roggenmehl Type 1150
Haselnussgroße Portion Anstellgut
(Grundstock zum Ansetzen von Sauerteig)

Teig:

270 g Roggensauerteig
125 g Roggenmehl Type 1150
25 g Roggenvollkornmehl
175 g Dinkelmehl Type 630
25 g Dinkelvollkornmehl
10 g Meersalz
5 g Jiaogulan-Gewürz
8 g Hefe
210 g Wasser

Mohn-Sesam-Brot

1. Für den Roggensauerteig als Erstes das Wasser im Mixtopf auf Stufe 1 erhitzen, bis es 30 °C warm ist. Dann das Roggenmehl und das Anstellgut in den Mixtopf geben und alles 10 Sekunden/ Stufe 3 vermischen. Danach die Teigmischung für 10 Minuten ruhen lassen, damit die Komponenten gut verquellen können.

2. In der Zwischenzeit den Sesam für den Teig auf ein mit Backpapier belegtes Backblech streuen und ihn im Backofen bei 140 °C (Ober-/Unterhitze) goldbraun anrösten. Anschließend in einer Schüssel beiseitestellen.

3. Nun Roggenmehl, die beiden Weizenmehlsorten, Meersalz, die in 25 g Wasser aufgelöste Hefe, gerösteten Sesam, Mohn und Wasser auf den Sauerteig im Mixtopf geben und alles 10 Sekunden/ Stufe 3 durchmischen. Danach den Teig nochmals 2 Minuten/ Teigstufe auskneten.

4. Nach dem Mischen den Teig aus dem Mixtopf holen und in einer Schüssel etwa 40 Minuten ruhen lassen. Danach mit bemehlten Händen den Teig zu einer Kugel formen, ohne ihn zu heftig zu kneten.

5. Für die herzhafte Mohn-Sesam-Kruste nun den Brotlaib mit etwas Wasser einpinseln und dann in der Mohn-Sesam-Dekormischung wälzen, bis sie überall gleichmäßig verteilt ist.

6. Damit die Brotkruste knusprig wird, nun ca. 300 ml Wasser in eine ofenfeste Form gießen und ganz unten in den Ofen stellen. So kann sich beim Backen Wasserdampf entwickeln. Danach den Ofen auf 235 °C (Ober-/Unterhitze) vorheizen, so wird das Brot gleichmäßig von allen Seiten gebacken.

7. Nachdem die Brotkugel noch einmal eine halbe Stunde geruht hat, wird sie zu einem Brot geformt und ist nun bereit zum Backen. Dazu Backpapier auf ein Backblech legen, das Brot mittig daraufsetzen und in den Ofen schieben.

8. Damit der überschüssige Wasserdampf entweichen kann, sollte man nach etwa 10 Minuten für kurze Zeit die Ofentür öffnen. Danach die Backtemperatur auf 215 °C senken.

9. Fertig ist das Mohn-Sesam-Brot nach etwa 35-40 Minuten. Vor dem Anschneiden einige Zeit auf einem Kuchengitter auskühlen lassen, sonst ist der Teig noch klitschig.

Mixtipp: Der goldbraun geröstete Sesam sorgt für einen herzhaft nussigen Geschmack in der Kruste!

Für 1 Brot

Roggensauerteig (siehe Rezept S. 18-19):

130 g	Wasser (30 °C)
150 g	Roggenmehl Type 1150

Haselnussgroße Menge Anstellgut
(Grundstock zum Ansetzen von Sauerteig)

Teig:

270 g	Roggensauerteig
150 g	Roggenmehl Type 1150
150 g	Weizenmehl Type 550
50 g	Weizenmehl Type 1050
10 g	Meersalz
8 g	Hefe
40 g	Sesam, geröstet
20 g	Blaumohn
200 g	Wasser

Dekormischung:

1 Teil	Blaumohn
1 Teil	Sesam

Hefeweizen Dunkel

1. Zunächst für das Quellstück 150 g Eichbaum Hefeweizen in den Mixtopf geben. Dann den Dinkelschrot hinzufügen und alles 5 Sekunden/ Stufe 3 verrühren. Anschließend das Quellstück in eine Schüssel geben und dort abgedeckt drei Stunden ziehen lassen. Vor der weiteren Zubereitung den Mixtopf kurz auswaschen.

2. Für den Sauerteig nun das Wasser im Mixtopf auf Stufe 1 erhitzen, bis es 30 °C warm ist. Dann das Roggenmehl und das Anstellgut in den Mixtopf geben und alles 10 Sekunden/ Stufe 3 vermischen. Danach die Teigmischung für 10 Minuten ruhen lassen, das ist wichtig für die Verquellung der Komponenten.

3. Anschließend für die Zubereitung des Brotteigs das Quellstück in den Mixtopf dazugeben und auch alle weiteren Zutaten – Roggenmehl, Dinkelmehl, Meersalz, Wasser und die in 25 g Wasser aufgelöste Hefe – hinzufügen. Den Teig zunächst 10 Sekunden/ Stufe 3 durchmischen. Danach den Teig nochmals 2 Minuten/ Teigstufe auskneten.

4. Nach dem Mischen den fertigen Teig in einer Schüssel etwa eine halbe Stunde ruhen lassen. Danach behutsam mit bemehlten Händen zu einem länglichen, baguetteähnlichen Brotlaib formen, ohne den Teig zu fest zu kneten.

5. Anschließend den Brotlaib mit etwas Wasser bepinseln – so bekommt er eine krossere Kruste – und ihn dann in Dinkel wälzen. Die Brotendstücke werden danach gegeneinander zu einem Zwirbel verdreht. Das Brot nun mittig auf ein mit Backpapier belegtes Backblech legen und dort noch einmal 40 Minuten ruhen lassen.

6. Nun eine ofenfeste Form mit etwa 300 ml Wasser füllen und unten in den Ofen stellen. Auf diese Weise entsteht beim Backen Wasserdampf, der die Kruste knusprig macht. Danach den Ofen auf 235 °C (Ober- und Unterhitze) vorheizen.

7. Das Hefeweizen Dunkel-Brot nun auf mittlerer Schiene im vorgeheizten Backofen backen.

8. Um den überschüssigen Wasserdampf abzulassen, nach etwa 10 Minuten die Ofentür für kurze Zeit aufmachen. Danach die Backtemperatur auf 220 °C herunterdrehen.

9. Das Hefeweizen Dunkel-Brot ist nach etwa 50 Minuten fertig und kann auf einem Kuchenrost abkühlen.

Für 1 Brot

Quellstück:

50 g	Dinkelschrot
150 g	Eichbaum Hefeweizen dunkel

Roggensauerteig (**siehe Rezept S. 18-19****):**

120 g	Wasser (30 °C)
150 g	Roggenmehl Type 1150

Haselnussgroße Portion Anstellgut
(Grundstock zum Ansetzen von Sauerteig)

Teig:

270 g	Roggensauerteig
200 g	Quellstück
150 g	Roggenmehl Type 997
150 g	Dinkelmehl Type 630
10 g	Meersalz
8 g	Hefe
60 g	Wasser

Sauerteig Gourmet

1. Zunächst das Wasser im Mixtopf auf Stufe 1 auf 30 °C erhitzen. Dann das Roggenmehl und das Anstellgut dazugeben und alles 10 Sekunden/ Stufe 3 vermengen. Anschließend für 10 Minuten ruhen lassen, damit es gut verquellen kann.

2. Danach Weizenmehl, Roggenvollkornmehl, Meersalz, die in 25 g Wasser aufgelöste Hefe und das warme Wasser in den Mixtopf zum Sauerteig hinzufügen. Sämtliche Zutaten zunächst 10 Sekunden/ Stufe 3 verrühren. Danach noch weitere 2 Minuten/ Teigstufe auskneten.

3. Jetzt den fertigen Teig aus dem Mixtopf in eine Schüssel geben und eine halbe Stunde ruhenlassen. Danach für 2 Brote aus dem Teig 2 gleich große Teile bilden und aus jedem von ihnen mit bemehlten Händen behutsam eine Kugel formen, für 1 Brot den Teig komplett lassen und ebenfalls zu einer Kugel formen.

4. ✗ Aus den Teigkugeln als Nächstes 1-2 längliche Brotlaibe formen und sie in Roggenmehl wälzen. Danach können die fertigen Brotlaibe in 1-2 eingefettete Kastenformen gelegt werden.

5. Das Brot, das nicht sofort gebacken wird, für die Dauer der Backzeit mit einem Küchentuch bedeckt im Kühlschrank kaltstellen.

6. Jetzt ca. 300 ml Wasser in eine ofenfeste Form gießen und unten in den Ofen stellen. Durch den Wasserdampf erhält das Brot beim Backen eine krosse Kruste. Bevor das Brot hineingeschoben wird, den Ofen auf 235 °C (Ober- und Unterhitze) vorheizen.

7. Vor dem Backen die Brote längs einschneiden – auf diese Weise platzt die Kruste nicht auf und das Brot bekommt seine charakteristische Form – und dann auf dem Backrost backen.

8. Etwa 10 Minuten nach Beginn der Backzeit die Ofentür eine Zeitlang aufmachen, damit der überschüssige Wasserdampf abziehen kann. Danach die Backtemperatur auf 215 °C herunterstellen.

9. Das Sauerteig-Gourmet-Brot ist nach etwa 40 Minuten ausgebacken. Für das zweite Brot einfach die Schritte 6-9 noch einmal genauso durchführen.

Mixtipp: Sie benötigen für jedes einzelne Brot eine Kastenform, weil die Brotlaibe in den Formen aufgehen sollen.

* Brot in der „Denk mit" Form backen, Rand mit Wasser auffüllen

Für 1 bis 2 Brote:

Roggensauerteig (siehe Rezept S. 18-19):

120 g	Wasser (30 °C)
150 g	Roggenmehl Type 1150

eine kirschkerngroße Menge Anstellgut
(Grundstock zum Ansetzen von Sauerteig)

Teig:

270 g	Roggensauerteig oder 250 gr Roggenkörner mahlen + 7 g Roggensauerteig (wenn ich keinen habe)
200 g	Weizenmehl Type 1050
150 g	Roggenvollkornmehl / Dinkel 630
10 g	Meersalz
8 g	Hefe
225 g	warmes Wasser (22 °C) ca 300 gr

+ Kürbiskerne

Vollkorn- und Mehrkornbrote

DOMAINES
thermomix
VORWERK

Vollkornbrot

1. Zunächst für das Quellstück 200 g Wasser in den Mixtopf geben und darin auf Stufe 1 erwärmen, bis es eine Temperatur von 40 °C erreicht hat. Dann Sonnenblumenkerne, Kürbiskerne, Haferflocken und Leinsaat hinzufügen und alles 5 Sekunden/ Stufe 3 verrühren. Anschließend das Quellstück in eine Schüssel geben und dort abgedeckt drei Stunden ziehen lassen. Vor der weiteren Zubereitung den Mixtopf kurz auswaschen.

2. Für den Sauerteig nun das Wasser im Mixtopf auf Stufe 1 auf eine Temperatur von 30 °C erhitzen. Dann das Roggenvollkornmehl und das Anstellgut hinzufügen und alles 10 Sekunden/ Stufe 3 durchmischen. Danach muss die Teigmischung für 10 Minuten ruhen, das ist wichtig, damit die Bestandteile verquellen können.

3. Anschließend für die Zubereitung des Brotteigs das Quellstück zum Sauerteig in den Mixtopf geben und Weizenvollkornmehl, Roggenvollkornmehl, Dinkelvollkornmehl, Meersalz, die in 25 g Wasser aufgelöste Hefe und Wasser hinzufügen. Den Teig zunächst 10 Sekunden/ Stufe 3 durchmischen. Danach den Teig nochmals 2 Minuten/ Teigstufe auskneten.

4. Nun den fertigen Teig aus dem Mixtopf nehmen und in einer großen Schüssel für eine 30-minütige Ruhephase beiseitestellen. Danach den Teig mit bemehlten Händen zu 2 länglichen Brotlaiben formen. Dabei nicht zu kräftig kneten.

5. Für eine aromatische, herzhafte Kruste Haferflocken und Sonnenblumenkerne mischen und auf die Arbeitsfläche streuen. Dann die Brotlaibe mit kaltem Wasser einpinseln und in der Mischung wälzen, bis sie rundherum damit bedeckt sind. Anschließend können sie in die vorbereiteten, gefetteten Kastenformen gelegt werden und dort noch einmal 30 Minuten ruhen. Die Oberfläche der Brote wird nicht eingeschnitten.

6. Damit die Kruste der Brote schön kross wird, sollte sie beim Backen Wasserdampf ausgesetzt sein. Dazu etwa 300 ml Wasser in eine flache ofenfeste Form gießen und unten in den Ofen stellen. Danach den Backofen auf 230 °C (Ober- und Unterhitze) vorheizen.

7. 1 bis 2 Brote können gleichzeitig gebacken werden. Dazu in ihren Formen mit ausreichendem Abstand zueinander auf das Backblech stellen und dann in den Ofen schieben.

8. Wenn eins der Brote noch nicht gebacken wird, sollte es bis zum Backen in seiner Form mit einem Tuch bedeckt im Kühlschrank kaltgestellt werden.

9. Damit der überschüssige Wasserdampf abziehen kann, nach 10 Minuten Backzeit die Ofentür kurz aufmachen und die Backtemperatur danach auf 215 °C senken.

10. Die Vollkornbrote sind nach etwa 40 Minuten ausgebacken! Die übrigen Brote nun nach den Arbeitsschritten 6, 7, 9 und 10 ebenfalls backen.

Für 2 Brote:

Quellstück:

200 g	Wasser (40 °C)
25 g	Sonnenblumenkerne
35 g	Kürbiskerne
75 g	Haferflocken
15 g	Leinsaat

Roggensauerteig (siehe Rezept S. 18-19):

100 g	Roggenvollkornmehl
80 g	Wasser (30 °C)

Kirschkerngroße Portion Anstellgut (Grundstock zum Ansetzen von Sauerteig)

Teig:

180 g	Roggensauerteig
350 g	Quellstück
150 g	Weizenvollkornmehl
130 g	Roggenvollkornmehl
150 g	Dinkelvollkornmehl
10 g	Meersalz
8 g	Hefe
100 g	Wasser

Dekormischung:

1 Teil	Sonnenblumenkerne
2 Teile	Haferflocken

Kürbis-Fünfkornbrot

1. Zunächst für das Quellstück 200 g Wasser in den Mixtopf geben und darin auf Stufe 1 erwärmen, bis es eine Temperatur von 45 °C erreicht hat. Dann Kürbiskerne, Haferflocken, Leinsaat, Dinkel- und Roggenschrot dazugeben und alles 5 Sekunden/ Stufe 3 verrühren. Anschließend das Quellstück in eine Schüssel geben und dort abgedeckt zwei Stunden ziehen lassen. Vor der weiteren Zubereitung den Mixtopf kurz auswaschen.

2. Für den Sauerteig nun das Wasser im Mixtopf auf Stufe 1 erhitzen, bis es 30 °C warm ist. Dann das Roggenmehl und das Anstellgut in den Mixtopf geben und alles 10 Sekunden/ Stufe 3 vermischen. Danach die Teigmischung für 10 Minuten ruhen lassen, das ist wichtig für die Verquellung der Komponenten.

3. Anschließend für die Zubereitung des Brotteigs das Quellstück ebenfalls in den Mixtopf geben und auch alle weiteren Zutaten – Weizenmehl, Dinkelvollkornmehl, Kamut-Mehl, Salz, die in 25 g Wasser aufgelöste Hefe und Wasser – hinzufügen. Den Teig zunächst 10 Sekunden/ Stufe 3 durchmischen. Danach den Teig nochmals 2 Minuten/ Teigstufe auskneten.

4. Nun den fertigen Teig für etwa eine halbe Stunde ruhen lassen. Danach mit bemehlten Händen den Teig in zwei Brotlaibe gleicher Größe aufteilen und sie behutsam zusammenlegen (S. 20).

5. Als Nächstes die Brotlaibe in ihre finale rechteckige Form bringen. Um eine aromatische, knusprige Kruste zu erhalten, die Brotlaibe mit kaltem Wasser einpinseln und in Sonnenblumen- und Kürbiskernen wälzen, bis sie gleichmäßig die Oberfläche bedecken. Nun müssen die Brote in Kastenformen gelegt werden und noch einmal für eine halbe Stunde ruhen.

6. Dazu, dass die Brotkruste beim Backen besonders kross wird, trägt Wasserdampf bei. Zu diesem Zweck etwa 300 ml Wasser in eine flache ofenfeste Form gießen und unten in den Ofen stellen. Danach den Backofen auf 230 °C (Ober- und Unterhitze) vorheizen.

7. Zum Backen nun ein Backblech mit Backpapier auslegen und darauf 1 bis 2 Brote in den Kastenformen in den Ofen schieben.

8. In der Zwischenzeit, falls nötig, den übriggebliebenen Brotlaib in seiner Kastenform mit einem Tuch abdecken und im Kühlschrank kaltstellen, bis er auch gebacken wird.

9. Damit der überschüssige Wasserdampf abziehen kann, nach etwa 10 Minuten Backzeit die Ofentür für kurze Zeit öffnen. Danach die Backtemperatur auf 215 °C senken.

10. Die Kürbis-Fünfkornbrote sind nach etwa 40 Minuten ausgebacken und können auf einem Kuchengitter abkühlen. Wenn ein Brotlaib verwahrt wurde, ihn nun nach den Arbeitsschritten 6, 7, 9 und 10 ebenfalls fertig backen.

Für 2 Brote

Quellstück:

200 g	Wasser (45 °C)
40 g	Kürbiskerne
20 g	Haferflocken
20 g	Leinsaat
90 g	Dinkelschrot, mittel
50 g	Roggenschrot, mittel

Roggensauerteig (siehe Rezept S. 18-19):

80 g	Wasser (30 °C)
100 g	Roggenmehl Type 1150

Kirschkerngroße Portion Anstellgut
(Grundstock zum Ansetzen von Sauerteig)

Teig:

180 g	Roggensauerteig
420 g	Quellstück
100 g	Weizenmehl Type 1050
100 g	Dinkelvollkornmehl
65 g	Kamut-Mehl
10 g	Salz
8 g	Hefe
50 g	Wasser

Dekormischung:

2 Teile	Kürbiskerne
1 Teil	Sonnenblumenkerne

Vitalis

1. Zunächst für das Quellstück 200 g Wasser in den Mixtopf geben und darin auf Stufe 1 erwärmen, bis es eine Temperatur von 40 °C erreicht hat. Dann Kürbiskerne, Sonnenblumenkerne, Haferflocken und Roggenschrot hinzufügen und alles 5 Sekunden/ Stufe 3 verrühren. Anschließend das Quellstück in eine Schüssel geben und dort abgedeckt drei Stunden ziehen lassen. Vor der weiteren Zubereitung den Mixtopf kurz auswaschen.

2. Für den Sauerteig nun das Wasser im Mixtopf auf Stufe 1 erhitzen, bis es 30 °C warm ist. Dann das Roggenmehl und das Anstellgut in den Mixtopf geben und alles 10 Sekunden/ Stufe 3 vermischen. Danach die Teigmischung für 10 Minuten ruhen lassen, damit die Komponenten verquellen können.

3. Anschließend für die Zubereitung des Brotteigs das Quellstück zum Sauerteig in den Mixtopf geben und die anderen Teigzutaten – Weizenvollkornmehl, Roggenvollkornmehl, Meersalz, die in 25 g Wasser aufgelöste Hefe und Wasser hinzufügen. Den Teig zunächst 10 Sekunden/ Stufe 3 durchmischen. Danach den Teig nochmals 2 Minuten/ Teigstufe auskneten.

4. Jetzt den fertigen Teig aus dem Mixtopf nehmen und für eine 30-minütige Ruhephase beiseitestellen. Danach mit bemehlten Händen behutsam 2 längliche Brotlaibe in gleicher Größe formen.

5. Damit die Brote eine knusprige, herzhafte Kruste bekommen mit etwas kaltem Wasser bepinseln und die Brotlaibe anschließend in den Kürbis- und Sonnenblumenkernen wälzen, so dass ihre Oberfläche gleichmäßig bedeckt ist. Zum Backen 2 Kastenformen einfetten und die Brotlaibe hineinlegen. In den Formen müssen die Brote nun noch einmal 30 Minuten ruhen. Die Oberfläche wird nicht eingeschnitten.

6. Um eine besonders krosse Brotkruste zu bekommen, sollte ein Brot beim Backen Wasserdampf ausgesetzt sein. Dazu etwa 300 ml Wasser in eine flache ofenfeste Form gießen und diese unten in den Ofen stellen. Danach den Backofen auf 230 °C (Ober- und Unterhitze) vorheizen.

7. Zum Backen die Brote in den Kastenformen mit ausreichendem Abstand zueinander auf ein Backblech stellen und in den Ofen geben. Wenn eins der Brote noch nicht gebacken wird, bis zum Backen in der Form abgedeckt im Kühlschrank kaltstellen.

8. Damit der überschüssige Wasserdampf entweichen kann, etwa 10 Minuten nach Beginn der Backzeit die Ofentür für kurze Zeit aufmachen und danach die Backtemperatur auf 215 °C senken.

9. Die gesunden Vitalis-Brote sind nach etwa 50 Minuten ausgebacken.

Für 2 Brote:

Quellstück:

200 g	Wasser (40 °C)
35 g	Kürbiskerne
15 g	Sonnenblumenkerne, geröstet
50 g	Haferflocken
150 g	Roggenschrot

Roggensauerteig (siehe Rezept S. 18-19):

140 g	Wasser (30 °C)
175 g	Roggenmehl Type 1150

Haselnussgroße Menge Anstellgut
(Grundstock zum Ansetzen von Sauerteig)

Teig:

315 g	Roggensauerteig
450 g	Quellstück
125 g	Weizenvollkornmehl
85 g	Roggenvollkornmehl
10 g	Meersalz
8 g	Hefe
50 g	Wasser

Dekormischung:

1 Teil	Sonnenblumenkerne
2 Teile	Kürbiskerne

Finnenbrot

1. Als Erstes die Sonnenblumenkerne und den Sesam auf ein mit Backpapier ausgelegtes Backblech legen, in den Ofen schieben und sie bei 150 °C rösten, bis sie goldbraun sind.

2. Für das Quellstück 200 g Wasser in den Mixtopf geben und darin auf Stufe 1 auf 40 °C erwärmen. Dann Sonnenblumenkerne, Roggenmalzflocken, Leinsaat und Sesam hinzufügen und alles 5 Sekunden/ Stufe 3 verrühren. Anschließend das Quellstück abgedeckt 2 Stunden in einer Schüssel ziehen lassen. Vor der weiteren Zubereitung den Mixtopf kurz auswaschen.

3. Nun den Roggensauerteig zubereiten. Dazu das Wasser im Mixtopf auf Stufe 1 erhitzen, bis es 30 °C warm ist. Dann das Roggenmehl und das Anstellgut in den Mixtopf geben und alles 10 Sekunden/ Stufe 3 vermischen. Danach die Teigmischung für 10 Minuten ruhen lassen, so können die Bestandteile gut verquellen.

4. Anschließend für die Zubereitung des Brotteigs das Quellstück in den Mixtopf dazugeben und auch alle weiteren Zutaten, Weizenmehl, Roggenvollkornmehl, Meersalz, Brotgewürz, Wasser und die in 25 g Wasser aufgelöste Hefe, hinzugeben. Den Teig zunächst 10 Sekunden/ Stufe 3 durchmischen. Danach den Teig nochmals 2 Minuten/ Teigstufe auskneten.

5. Nun den fertigen Teig aus dem Mixtopf holen und zum Ruhen lassen in eine große Schüssel geben. Nach 30 Minuten mit bemehlten Händen zu 2 rechteckigen Brotlaiben formen.

6. Die geformten Brotlaibe jetzt mit kaltem Wasser bepinseln, so bekommen die Brote beim Backen eine knusprige Kruste. Danach die Sonnenblumenkerne in eine flache Schale oder auf die Arbeitsfläche streuen und die Brote darin wälzen. Die Brote anschließend in der Kastenform noch einmal für 30 Minuten ruhen lassen.

7. Zum Backen etwa 300 ml Wasser in eine ofenfeste Form gießen und unten in den Ofen stellen. Danach den Backofen bei 230 °C (Ober-/Unterhitze) vorheizen.

8. Ein Brot in der Kastenform mittig auf dem Backblech platzieren und zum Backen in den Ofen schieben. Den anderen Brotlaib, bis er gebacken wird, abgedeckt im Kühlschrank kalt stellen.

9. Damit der Wasserdampf entweichen kann, nach etwa 10 Minuten Backzeit die Ofentür für kurze Zeit aufmachen. Die Backtemperatur danach auf 215 °C senken.

10. Das Finnenbrot ist nach etwa 40 Minuten fertig und kann zum Abkühlen auf ein Kuchengitter gelegt werden. Nun den zweiten Brotlaib genauso backen, wie in Punkt 7-10 beschrieben ist.

Für 2 Brote:

Quellstück:

200 g	Wasser (40 °C)
100 g	Sonnenblumenkerne, geröstet
60 g	Roggenmalzflocken
40 g	Leinsaat
35 g	Sesam, geröstet

Roggensauerteig (siehe Rezept S. 18-19):

80 g	Wasser (30 °C)
100 g	Roggenmehl Type 1150

Kirschkerngroße Portion Anstellgut
(Grundstock zum Ansetzen von Sauerteig)

Teig:

180 g	Roggensauerteig
435 g	Quellstück
200 g	Weizenmehl Type 550
50 g	Roggenvollkornmehl
10 g	Meersalz
4 g	Brotgewürz
8 g	Hefe
35 g	Wasser

Dekor:
Sonnenblumenkerne

Dinkel-Vollkornbrot

1. Als Erstes die Sonnenblumenkerne auf einem mit Backpapier ausgelegten Backblech bei 150°C im Backofen rösten, bis sie goldbraun sind.

2. Nun für das Quellstück 250 g Wasser in den Mixtopf geben und darin auf Stufe 1 auf 40 °C erwärmen. Dann Sonnenblumenkerne, Dinkelflocken und Dinkelschrot hinzugeben und alles 5 Sekunden/ Stufe 3 verrühren. Anschließend das Quellstück in eine Schüssel geben und dort abgedeckt zwei Stunden ziehen lassen. Vor der weiteren Zubereitung den Mixtopf kurz auswaschen.

3. Für den Dinkelsauerteig nun das Wasser im Mixtopf auf Stufe 1 erhitzen, bis es eine Temperatur von 30 °C hat. Dann das Dinkelvollkornmehl und das Anstellgut in den Mixtopf geben und alles 10 Sekunden/ Stufe 3 vermischen. Danach die Teigmischung für 10 Minuten ruhen lassen, so kann der Sauerteig richtig verquellen.

4. Anschließend für die Zubereitung des Brotteigs das Quellstück zu dem Sauerteig in den Mixtopf geben und Dinkelvollkornmehl, Meersalz und Wasser hinzufügen. Den Teig zunächst 10 Sekunden/ Stufe 3 durchmischen. Danach den Teig 30 Minuten ruhen lassen. Dann die in 25 g Wasser aufgelöste Hefe dazugeben und alles nochmals 2 Minuten/ Teigstufe auskneten.

5. Den fertigen Teig nun aus dem Mixtopf nehmen und 30 Minuten ruhen lassen. Danach mit bemehlten Händen in 2 Brotlaibe gleicher Größe teilen und sie behutsam zusammenlegen. Dieser Arbeitsschritt wird auf S. 20 genauer erklärt.

6. Die Brotlaibe 10 Minuten ruhen lassen und dann noch einmal zusammenlegen.

7. Nun können die Brotlaibe in ihre finale längliche Form mit runden Enden gebracht werden. Für eine aromatische Kruste die Brotlaibe mit kaltem Wasser einpinseln und dann in den Dinkelflocken wälzen, so dass sie rundherum bedeckt sind. Anschließend die bereitgestellten Dosen- oder Kastenformen einfetten und die Brotlaibe hineinlegen. Nun können die Brote in der Form noch einmal 30 Minuten ruhen. Die Oberfläche der Brotlaibe braucht nicht eingeschnitten zu werden.

8. Damit die Brote beim Backen im Wasserdampf eine schöne krosse Kruste bekommen, eine flache ofenfeste Form mit etwa 300 ml Wasser unten in den Ofen stellen. Danach den Backofen bei Ober-/Unterhitze auf 230 °C vorheizen.

9. Nun können die Brote in den Formen auf das Backblech gestellt und gebacken werden.

10. Damit der überschüssige Wasserdampf abziehen kann, nach 10 Minuten Backzeit die Ofentür kurz aufmachen und die Backtemperatur danach auf 215 °C senken.

11. Die Dinkel-Vollkornbrote sind nach etwa 40 Minuten ausgebacken.

Für 2 Brote:

Quellstück:

250 g	Wasser (40 °C)
100 g	Sonnenblumenkerne, geröstet
50 g	Dinkelflocken
250 g	Dinkelschrot, mittel

Dinkelsauerteig (siehe Rezept S. 18-19):

80 g	Wasser (30 °C)
100 g	Dinkelvollkornmehl

Kirschkerngroße Portion Anstellgut
(Grundstock zum Ansetzen von Sauerteig)

Teig:

180 g	Dinkelsauerteig
650 g	Quellstück
100 g	Dinkelvollkornmehl
10 g	Meersalz
8 g	Hefe
25 g	Wasser

Dekor:

Dinkelflocken

Roggen-Dinkelbrot

1. Für das Brühstück als Erstes 125 g Wasser in den Mixtopf geben und auf Stufe 1 zum Kochen bringen. Wenn es 100 °C erreicht hat, die Dinkelkörner und das Salz dazugeben und die Mischung 5 Sekunden/ Stufe 3 verrühren. Anschließend das Brühstück etwas abkühlen lassen, in eine Schüssel füllen und abgedeckt über Nacht in den Kühlschrank stellen. Vor der weiteren Zubereitung den Mixtopf kurz auswaschen.

2. Am nächsten Tag für den Roggensauerteig das Wasser im Mixtopf auf Stufe 1 erhitzen, bis es 30 °C warm ist. Dann das Roggenmehl und das Anstellgut in den Mixtopf geben und alles 10 Sekunden/ Stufe 3 durchmischen. Danach die Teigmischung für 10 Minuten ruhen lassen.

3. Anschließend für die Zubereitung des Brotteigs das Brühstück zum Sauerteig geben und alle weiteren Zutaten – Roggenmehl, Roggenvollkornmehl, Meersalz, Brotgewürz, Wasser und die in 25 g Wasser aufgelöste Hefe – hinzufügen. Den Teig zunächst 10 Sekunden/ Stufe 3 durchmischen und ihn danach nochmals 2 Minuten/ Teigstufe auskneten.

4. Den fertigen Teig nun aus dem Mixtopf nehmen und in einer großen Schüssel 60 Minuten zum Ruhen beiseitestellen. Danach mit bemehlten Händen 2 gleich große Brotlaibe aus dem Teig formen und sie nach der Anleitung auf S. 20 behutsam zusammenlegen. Danach sollten die Teiglinge noch einmal 15 Minuten ruhen.

5. Nun können die Brotlaibe mit bemehlten Händen in ihre finale rechteckige Form gebracht und in je eine eingefettete Kastenform gegeben werden. Die Oberfläche der Brote wird zum Backen nicht eingeschnitten.

6. Damit die Brotkruste schön knusprig wird, sollte das Brot beim Backen Wasserdampf ausgesetzt sein. Dazu etwa 300 ml Wasser in eine flache ofenfeste Form gießen und dann unten in den Ofen stellen. Anschließend den Ofen bei Ober- und Unterhitze auf 235 °C vorheizen.

7. Nun die Brote leicht mit Roggenmehl bestäuben und danach auf einem Backblech in den Ofen schieben.

8. Wenn zunächst nur ein Brot gebacken wird, sollte das zweite in seiner Form und mit einem Tuch bedeckt im Kühlschrank kaltgestellt werden.

9. Damit der überschüssige Wasserdampf abziehen kann, nach 10 Minuten Backzeit die Ofentür für kurze Zeit aufmachen und danach die Backtemperatur auf 215 °C senken.

10. Das Roggen-Dinkelbrot ist nach etwa 50 Minuten ausgebacken. Ist ein Brot übriggeblieben, kann es nun nach den Vorgaben in den Punkten 6, 7, 9 und 10 ebenso gebacken werden.

Für 2 Brote:

Brühstück:

125 g	Wasser (kochend heiß)
125 g	Dinkel Ganzkorn (Dinkelkörner)

3 g Meersalz

Roggensauerteig (siehe Rezept S. 18-19):

200 g	Roggenmehl Type 1150
160 g	Wasser (30 °C)

Haselnussgroße Portion Anstellgut (Grundstock zum Ansetzen von Sauerteig)

Teig:

360 g	Roggensauerteig
253 g	Brühstück
250 g	Roggenmehl Type 1150
50 g	Roggenvollkornmehl
10 g	Meersalz
1 Prise	Brotgewürz
170 g	Wasser
8 g	Hefe

MIXTIPP: Das Brühstück können Sie auch bereits 2-3 Tage vor dem Brotbacken zubereiten.

Grand-Gourmet

1. Zunächst für das Quellstück 200 g Wasser in den Mixtopf geben und darin auf Stufe 1 auf 35 °C erhitzen. Nun den Dinkelschrot 5 Sekunden/ Stufe 3 mit dem Wasser verrühren. Das Quellstück danach in eine Schüssel geben und dort abgedeckt zwei Stunden ziehen lassen. Vor der weiteren Zubereitung den Mixtopf kurz auswaschen.

2. Für den Roggensauerteig als Nächstes das Wasser im Mixtopf auf Stufe 1 erhitzen, bis es eine Temperatur von 30 °C erreicht hat. Dann das Roggenmehl und das Anstellgut hinzufügen und alles 10 Sekunden/ Stufe 3 vermengen. Anschließend die Sauerteigmischung für 10 Minuten ruhen lassen, das ist wichtig für die Verquellung der Bestandteile.

3. Danach für die Zubereitung des Brotteigs das Quellstück auf den Sauerteig im Mixtopf geben und Weizenvollkornmehl, Roggenvollkornmehl, Meersalz, die Grand-Gourmet-Mischung und Buttermilch hinzufügen. Dann den Teig 10 Sekunden/ Stufe 3 vermischen und 30 Minuten ruhen lassen. Die in 25 g Wasser aufgelöste Hefe dazugeben und den Teig anschließend 2 Minuten/ Teigstufe auskneten.

4. Den fertigen Teig nun aus dem Mixtopf holen und in einer großen Schüssel 30 Minuten ruhen lassen. Danach mit bemehlten Händen in 2 Brotlaibe teilen. Diese müssen nun behutsam zusammengelegt werden (Erklärung S. 20). Nach einer weiteren Ruhephase von 10 Minuten die Brotlaibe noch einmal zusammenlegen.

5. Nun die Brotlaibe in ihre finale längliche, rechteckige Form bringen. Für eine herzhafte Kruste die Brotlaibe mit kaltem Wasser einpinseln und dann in der Dekormischung wälzen, so dass sie gleichmäßig damit bedeckt sind. Nun die bereitgestellten Kastenformen einfetten, die Brote hineinlegen und noch einmal 30 Minuten ruhen lassen.

6. Um eine besonders knusprige Kruste zu bekommen, sollten die Brote beim Backen Wasserdampf ausgesetzt sein. Dazu eine flache ofenfeste Form unten in den Backofen stellen und etwa 300 ml Wasser hineingießen. Nun den Ofen bei Ober- und Unterhitze auf 230 °C vorheizen.

7. Zum Backen 1 bis 2 der Brote in ihren Formen mit ausreichendem Abstand zueinander auf das Backblech stellen und in den Ofen geben.

8. Wenn nur 1 Brot gebacken wird, den übriggebliebenen Brotlaib währenddessen in seiner Form und mit einem Tuch bedeckt im Kühlschrank kaltstellen.

9. Damit der überschüssige Wasserdampf entweichen kann, nach 10 Minuten Backzeit die Ofentür kurz aufmachen. Danach die Backtemperatur auf 215 °C senken.

10. Die Grand-Gourmet-Brote sind nach etwa 40 Minuten ausgebacken. Wenn ein Brot verwahrt wurde, kann es nun nach den Arbeitsschritten 6, 7, 9 und 10 ebenfalls fertig gebacken werden.

Für 2 Brote:

Quellstück:

200 g	Wasser (35 °C)
200 g	Dinkelschrot, mittel

Roggensauerteig (siehe Rezept S. 18-19):

80 g	Wasser (30 °C)
100 g	Roggenmehl Type 1150

Kirschkerngroße Portion Anstellgut
(Grundstock zum Ansetzen von Sauerteig)

Teig:

180 g	Roggensauerteig
400 g	Quellstück
150 g	Weizenvollkornmehl
50 g	Roggenvollkornmehl
10 g	Meersalz
8 g	Hefe
25 g	Buttermilch

Grand-Gourmet-Mischung:

100 g zu je gleichen Teilen Cranberries, Erdnüsse, Walnüsse, Mandeln, Haselnüsse

Dekormischung:

1 Teil	Sonnenblumenkerne
1 Teil	Haselnüsse, gehackt
1 Teil	Sesam oder wahlweise
1 Teil	Mandelgrieß
1 Teil	Roggenvollkornmehl

Piemonteser Nuss

1. Als Erstes die Sonnenblumenkerne für das Quellstück und die Haselnüsse für den Teig auf einem mit Backpapier belegten Backblech bei 150 °C im Ofen rösten, bis sie goldbraun sind.

2. Für das Quellstück 250 g Wasser in den Mixtopf geben und darin auf Stufe 1 auf 40 °C erhitzen. Dann Dinkelschrot, Weizenschrot, Roggenschrot und Sonnenblumenkerne hinzufügen und alles 5 Sekunden/ Stufe 3 durchmischen. Danach das Quellstück in einer Schüssel abgedeckt drei Stunden ziehen lassen. Vor der weiteren Zubereitung den Mixtopf kurz auswaschen.

3. Für den Sauerteig nun das Wasser im Mixtopf auf Stufe 1 erhitzen, bis es 30 °C warm ist. Anschließend das Roggenmehl und das Anstellgut dazugeben und alles 10 Sekunden/ Stufe 3 vermischen. Danach die Teigmischung für 10 Minuten ruhen lassen, das ist wichtig für die Verquellung der Komponenten.

4. Jetzt für die Zubereitung des Brotteigs das Quellstück auf den Sauerteig im Mixtopf geben und auch alle weiteren Zutaten – Weizenvollkornmehl, Meersalz, die in 25 g Wasser aufgelöste Hefe, Piemonteser Haselnüsse und Wasser – hinzufügen. Den Teig 10 Sekunden/ Stufe 3 durchmischen und danach den Teig nochmals 2 Minuten/ Teigstufe auskneten.

5. Den fertigen Teig nun in einer großen Schüssel für eine 40-minütige Ruhephase beiseitestellen. Danach mit bemehlten Händen 2 Brotlaibe gleicher Größe daraus formen und diese behutsam zusammenlegen. Dieser Arbeitsschritt ist auf S. 20 näher erklärt.

6. Nun können die Brotlaibe in ihre endgültige rechteckige Form gebracht werden. Für eine herzhafte Kruste Sesam, gehackte Nüsse und Sonnenblumenkerne auf die Arbeitsfläche streuen, das Brot mit kaltem Wasser bepinseln und dann in der Mischung wälzen, so dass es rundherum damit bedeckt ist. Nun können die Brote in die eingefetteten Kastenformen gelegt und für eine weitere 30-minütige Ruhephase beiseitegestellt werden. Die Brotoberflächen werden nicht eingeschnitten.

7. Um eine besonders krosse Brotkruste zu bekommen, sollte ein Brot beim Backen Wasserdampf ausgesetzt sein. Dazu etwa 300 ml Wasser in eine flache ofenfeste Form gießen und diese unten in den Ofen stellen. Danach den Backofen auf 230 °C (Ober- und Unterhitze) vorheizen.

8. Zum Backen 1 bis 2 Brote in ihren Kastenformen mit ausreichendem Abstand zueinander auf ein Backblech stellen und in den Ofen schieben.

9. Wenn ein Brot nicht sofort gebacken wird, den Brotlaib in seiner Form und mit einem Tuch bedeckt im Kühlschrank kaltstellen.

10. Damit der überschüssige Wasserdampf entweichen kann, nach ca. 10 Minuten für kurze Zeit die Offentür öffnen und danach die Backtemperatur auf 215 °C senken.

11. Die Piemonteser-Nuss-Brote sind nach etwa 40 Minuten ausgebacken. Das übriggebliebene Brot nun nach den Arbeitsschritten 7, 8, 10 und 11 ebenfalls fertigbacken!

Für 2 Brote:

Quellstück:

250 g	Wasser (40 °C)
150 g	Dinkelschrot, mittel
100 g	Weizenschrot, mittel
60 g	Roggenschrot, mittel
50 g	Sonnenblumenkerne, geröstet

Roggensauerteig (siehe Rezept S. 18-19):

80 g	Wasser (30 °C)
100 g	Roggenmehl Type 1150

Kirschkerngroße Portion Anstellgut (Grundstock zum Ansetzen von Sauerteig)

Teig:

180 g	Sauerteig
610 g	Quellstück
90 g	Weizenvollkornmehl
10 g	Meersalz
8 g	Hefe
125 g	Piemonteser Haselnüsse, geröstet
25 g	Wasser

Dekormischung:

1 Teil	Sesam
1 Teil	Piemonteser Haselnüsse, gehackt
1 Teil	Sonnenblumenkerne

Zwetschgen-Ingwer

1. Zunächst für das Quellstück 200 g Wasser in den Mixtopf geben und darin auf Stufe 1 auf 40 °C erhitzen. Dann Dinkelschrot und getrocknete Zwetschgen dazugeben und alles 5 Sekunden/ Stufe 3 verrühren. Anschließend das Quellstück in eine Schüssel geben und dort abgedeckt drei Stunden ziehen lassen. Vor der weiteren Zubereitung den Mixtopf kurz auswaschen.

2. Für den Roggensauerteig nun das Wasser im Mixtopf auf Stufe 1 erwärmen, bis es eine Temperatur von 30 °C erreicht hat. Dann das Roggenvollkornmehl und das Anstellgut in den Mixtopf geben und alles 10 Sekunden/ Stufe 3 vermengen. Danach die Teigmischung für 10 Minuten ruhen lassen, das ist wichtig für die Verquellung der Bestandteile.

3. Anschließend für die Zubereitung des Brotteigs das Quellstück ebenfalls in den Mixtopf geben und auch Roggenmehl, Meersalz, die in 25 g Wasser aufgelöste Hefe, Ingwer und Wasser hinzufügen. Den Teig zunächst 10 Sekunden/ Stufe 3 durchmischen. Danach den Teig nochmals 2 Minuten/ Teigstufe auskneten.

4. Den fertig gemischten Teig nun aus dem Mixtopf nehmen und in einer großen Schüssel 40 Minuten ruhen lassen. Danach mit bemehlten Händen zu 2 länglichen Brotlaiben gleicher Größe formen.

5. Damit die Kruste später schön kross und herzhaft werden kann, die Brotlaibe mit etwas kaltem Wasser bepinseln. Roggenmehl und Mandelblättchen auf die Arbeitsfläche streuen und die feuchten Brotlaibe darin wälzen, so dass sie sich gleichmäßig über ihre Oberfläche verteilen. Anschließend zwei Kastenformen einfetten und die Brotlaibe für eine weitere Ruhephase von 30 Minuten hineinlegen. Die Oberfläche der Brote nicht einschneiden.

6. Um eine besonders knusprige Kruste zu bekommen, sollten die Brote beim Backen Wasserdampf ausgesetzt sein. Dazu eine flache ofenfeste Form unten in den Backofen stellen und etwa 300 ml Wasser hineingießen. Nun den Ofen bei Ober- und Unterhitze auf 235 °C vorheizen.

7. Jetzt können die Brote gebacken werden: Dazu 1 bis 2 Brote in den Kastenformen mit ausreichendem Abstand zueinander auf ein Backblech stellen und in den Backofen schieben.

8. Wer nur 1 Brot backen möchte, stellt den zweiten Brotlaib mit einem Tuch abgedeckt im Kühlschrank kalt.

9. Damit der überschüssige Wasserdampf entweichen kann, nach 10 Minuten Backzeit die Ofentür für kurze Zeit öffnen. Danach die Backtemperatur auf 215 °C senken.

10. Die Zwetschgen-Ingwer-Stangen sind nach etwa 40 Minuten ausgebacken. Das übriggebliebene Brot nach den Arbeitsschritten 6, 7, 9 und 10 ebenfalls fertig backen.

Für 2 Brote:

Quellstück:

200 g	Wasser (40 °C)
200 g	Dinkelschrot
50 g	Zwetschgen, getrocknet

Roggensauerteig (siehe Rezept S. 18-19):

170 g	Wasser (30 °C)
150 g	Roggenvollkornmehl

Kirschkerngroße Portion Anstellgut
(Grundstock zum Ansetzen von Sauerteig)

Teig:

270 g	Roggensauerteig
450 g	Quellstück
150 g	Roggenmehl Type 1150
10 g	Meersalz
8 g	Hefe
5 g	Ingwer, frisch gerieben
25 g	Wasser

Dekor:

1 Teil	Mandelblättchen
1 Teil	Roggenmehl

Kapp Spezial

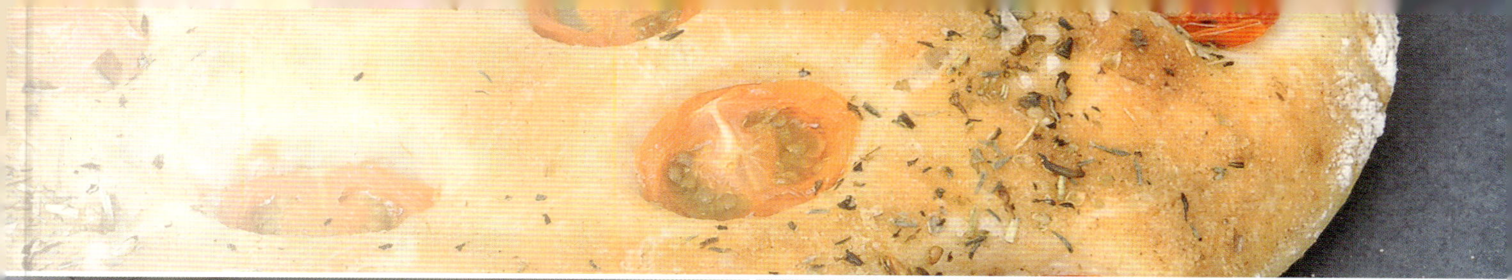

Fougasse Sepia-Amore

1. Als Erstes Wasser und Weizenmehl in den Mixtopf einwiegen und 20 Sekunden/ Stufe 1 verrühren. Danach den Teig mindestens 15-30 Minuten ruhen lassen.

2. Nun den Teig mit dem Spatel vom Messer lösen. Hartweizengrieß, Hefe, Meersalz, Olivenöl und Sepiapaste zugeben und dann alles 3 Minuten/ Teigstufe kneten.

3. Dann den fertigen Teig aus dem Mixtopf nehmen und in einer großen Schüssel 30 Minuten zum Ruhen beiseitestellen. Danach mit bemehlten Händen den Teig in 4 Brotlaibe teilen und zusammenlegen, wie es auf Seite 20 beschrieben wird. Diese noch einmal 30 Minuten ruhen lassen.

4. Die Brotlaibe nun mit bemehlten Händen behutsam in die finale flache Form bringen. Dann ein Backblech mit Backpapier belegen, die Brotlaibe mit ausreichend Abstand zueinander darauf legen und so erneut für 30 Minuten ruhen lassen.

5. Damit die Kruste der Fougasses schön knusprig wird, sollten sie beim Backen mit Wasserdampf in Kontakt kommen. Dazu eine flache ofenfeste Form mit etwa 300 ml Wasser unten in den Ofen stellen und danach den Ofen bei Ober- und Unterhitze auf 230 °C vorheizen.

6. Nun die Sepia-Fougasses mit etwas Olivenöl bepinseln. Die Cherrytomaten hälfteln und gleichmäßig verteilt in den Teig drücken. Anschließend Meersalz und Kräuter vermischen und die Ränder der Fougasses rundherum damit bestreuen. Dann können die Teiglinge in den Ofen.

7. Damit die überschüssige Feuchtigkeit abziehen kann, nach etwa 10 Minuten Backzeit für kurze Zeit die Ofentür aufmachen und anschließend die Backtemperatur auf 220 °C senken.

8. Die Fougasses Sepia-Amore sind nach etwa 20 Minuten ausgebacken und können zum Auskühlen auf Kuchengitter gelegt werden.

Für 4 Fougasses

400 g	Weizenmehl Type 550
330 g	kaltes Wasser
100 g	Hartweizengrieß
10 g	Hefe
10 g	Meersalz
10 g	Olivenöl extra vergine
6 g	Sepiapaste

Zusätzlich:

Olivenöl zum Einstreichen, grobes Meersalz und Kräuter der Provence zum Bestreuen.

14 Cherrytomaten

Sternstunden am See
Restaurant „Die Ente" im Seehotel Ketsch

Ein Geheimtipp in der Region ist das Seehotel Ketsch. Hans und Susanne Keppel führen das charmante Privathotel mit zwei Restaurants bereits in zweiter Generation. Im Restaurant „Die Ente" kocht Tommy R. Möbius.

Der Küchenchef setzt mit seinen Gerichten Trends und erkocht seit vier Jahren einen Michelin-Stern. Möbius liebt die Klassiker, interpretiert sie stets neu und zaubert das gewisse Etwas auf den Teller – absolut kompromisslos.

35 Sitzplätze | Bar | Wintergarten | offener Kamin | Terrasse und Sommer-Lounge mit Blick auf See und Sonnenuntergang: Hier spiegeln sich die Abendsterne auf den Tellern der Gäste – Sterneküche pur.

SeeHotel – Restaurants Die ENTE & EssZimmer | Kreuzwiesenweg 5 | 68775 Ketsch
Tel. 0 62 02 / 697-0 | Fax 0 62 02 / 697-199 | info@seehotel.de | www.seehotel.de

Danke

Vielen Dank an Jörg Knobloch, ohne dessen Fotos und hilfreiche Mitarbeit das Entstehen dieses Buches nicht möglich gewesen wäre. Herzlichen Dank auch an das Team von Knobloch Technik+ Design, Oliver Lanz, Tobias Reiner und Fabian Baumer, die dazu beigetragen haben, meine Ideen zu realisieren und zu perfektionieren.

Ein großes Dankeschön auch an Antje Heel und die Edition Lempertz für die Überzeugung und das Engagement, die sie bei der Umsetzung dieses Backbuchs mitgebracht und in die Umsetzung meiner Rezepte für den Thermomix investiert haben.

Insbesondere möchte ich Tommy R. Möbius dafür danken, dass wir in seinem Restaurant „Die Ente" die Rezepte nachbacken durften, und Susanne Keppel für die Erlaubnis, das „SeeHotel Ketsch" als Location für unser Shooting zu nutzen.

Einen herzlichen Dank auch an Christa Gerach-Weiß, die durch ihr engagiertes Mitbacken maßgeblich dazu beigetragen hat, meine Rezepte thermomixfähig zu gestalten.

Des Weiteren danke ich dem Team vom ZDF für die Möglichkeit, die Backkunst, meine Philosophie und Ideen in „Deutschlands bester Bäcker" auch in diesem Format produzieren zu dürfen.

Vielen Dank auch an mein Bäcker-Team, das mir während der ganzen Zeit den Rücken freigehalten hat, und allen Praktikanten für Ihre Unterstützung.

Zu guter Letzt natürlich ein herzliches Dankeschön an alle meine treuen Kunden und Unterstützer der Revolution, ohne die „Kapps Brot" gar nicht erst entstanden wäre.

Ihnen, liebe Leser, wünsche ich nun beim Lesen dieses Buches viel Backvergnügen.

Peter Kapp – Artisan Boulanger

www.baeckerei-kapp.de

WEITERE TITEL AUS DIESER REIHE

MIXtipp: Lieblingsrezepte zu Weihnachten

ca. 96 Seiten,
Format: 17 x 24 cm,
Klappenbroschur,
durchgehend farbig bebildert

ISBN: 978-3-945152-75-1, **9,99 €**

Freust du dich auch schon auf Weihnachten? Auf die leuchtenden Kerzen am Weihnachtsbaum, aufs Weihnachtsliedersingen – und natürlich aufs Plätzchenbacken und diesen ganz besonderen Weihnachtsgeruch, der überall in der Luft liegt?
Der schönste Moment ist es, wenn deine ganze Familie zum Weihnachtsessen versammelt ist und es eure liebsten Weihnachtsgerichte gibt: Mit Vanillekipferl und Lebkuchen, Gänsebraten und Apfelrotkohl, Glühwein und Zimtsternen und vielen Köstlichkeiten mehr fühlt sich Weihnachten erst wirklich nach Weihnachten an. Und damit du mehr Zeit dazu hast, Geschenke auszupacken und das Fest zu genießen, findest du in diesem Buch eine Sammlung der besten und am liebsten gekochten Weihnachtsrezepte, die sich alle ganz unkompliziert mit dem TM 5 und dem TM 31 zubereiten lassen. Damit gibt es an Weihnachten noch einen Grund mehr zur Freude!

MIXtipp: Lieblingsmarmeladen

104 Seiten,
Format: 17 x 24 cm,
Klappenbroschur,
durchgehend farbig bebildert

ISBN: 978-3-945152-72-0, **9,99 €**

Erdbeer-Rhabarber-Marmelade und Pflaumenmus, Pfirsich-Mango-Marmelade und Nektarinenkonfitüre – mit diesen Marmeladen und noch vielen mehr hast du einen tollen Start in den Tag! Wie wir in diesem Buch zeigen, ist die hauseigene Marmeladenherstellung keineswegs auf den Sommer beschränkt: Auch in der kalten Jahreshälfte lassen sich mit etwas Kreativität die tollsten Marmeladen herstellen, die dein Frühstück perfekt machen! Dabei kommen pikante Köstlichkeiten wie Physalismarmelade, Lotti Karotti und Tomatenmarmelade nicht zu kurz. Andrea Tomicek stellt hier zusammen mit dem Team MIXtipp ihre Rezeptsammlung aus guten alten Familienrezepten und exotisch-würzigen Neukreationen zum Nachkochen zur Verfügung. Mit verschiedenen Gewürzen und tollen Zutaten kannst du eine große Auswahl an Marmeladen zaubern, von der klassischen Erdbeer- bis hin zur originellen Kartoffelmarmelade – und dank Thermomix meist in noch nicht einmal 20 Minuten!

MIXtipp: Lieblingssuppen

ca. 112 Seiten,
Format: 17 x 24 cm,
Klappenbroschur,
durchgehend farbig bebildert

ISBN: 978-3-945152-73-7, **9,99 €**

Du liebst Suppen? Kein Wunder! Gemüsesuppe, Gazpacho, Bouillabaisse, Borschtsch, Nudelsuppe und viele mehr – kaum ein Gericht hält so viele köstliche Zubereitungsmöglichkeiten für dich bereit. Ob feine Bouillons für einen appetitanregenden Start in ein Menü oder herzhafte Eintöpfe, die dir helfen, kalte Tage leichter zu ertragen: In diesem Buch findest du die leckersten und am liebsten gekochten Suppenrezepte, mit denen du deine Lieblingssuppen neu erfinden und neue köstliche Varianten entdecken kannst. Mal deftig, mal leicht, mal international und mal traditionell laden dich unsere Lieblingssuppen ganz unkompliziert zum Nachkochen ein. Dabei lassen sich natürlich alle einfach und schnell mit dem TM 5 und dem TM 31 zubereiten.

MIXtipp:
Lasst uns grillen!

120 Seiten,
Format: 17 x 24 cm,
Klappenbroschur,
durchgehend farbig bebildert

ISBN: 978-3-945152-69-0, **9,99 €**

Hier hat Philipp „Grill-Phil" Beckmann seine besten Grillrezepte und Grilltipps zusammengestellt – von Chicken Wings über Forellenfrikadellen bis zu den köstlichen MIXtipp-Ribs ist alles dabei, was das Herz jedes Grillfans höherschlagen lässt. Dafür, dass Steaks und Koteletts erst richtig gut schmecken, sorgen abwechslungsreiche Marinaden – von der Altbier-Marinade bis zur andalusischen Gewürzmischung. Egal, ob du es scharf, mild oder fruchtig magst: Mit Sweet Onion-Apricot-Sauce, Knoblauchsauce und Curry spezial findest du auf jeden Fall etwas ganz nach deinem Geschmack! Und wenn du mal eine Pause vom Grillfleisch brauchst, lass dich von Salaten wie dem sommerlichen Walnusssalat und Kentucky Coleslaw verführen. Mit dem TM 5 oder dem TM 31 kannst du alles ganz leicht zubereiten – so kannst du noch mehr Zeit am Grill genießen.

MIXtipp:
Baby- und Kleinkinder-Rezepte

96 Seiten,
Format: 17 x 24 cm,
Klappenbroschur,
durchgehend farbig bebildert

ISBN: 978-3-945152-53-9, **9,99 €**

Gerade für die Kleinen sollte das Essen lecker, abwechslungsreich, frisch und gesund sein! Hier findest du süße und herzhafte Rezepte vom ersten Brei bis hin zu kleinen Mahlzeiten. Mit unserem Thermomix-Kochbuch für Kinder, das extra auf den TM 31 und den TM 5 abgestimmt ist, kannst du in kürzester Zeit das Essen für die Kleinen zubereiten. Kein Stress, kaum Spül- und wenig Vorbereitungszeit – wenn andere noch kochen, kannst du schon wieder kuscheln.
Alle Gerichte sind ernährungsphysiologisch erprobt und lassen sich schnell vorbereiten, mühelos zubereiten und problemlos einfrieren. Einfach babyleicht und lecker!

MIXtipp:
Wildgerichte

ca. 96 Seiten,
Format: 17 x 24 cm,
Klappenbroschur,
durchgehend farbig bebildert

ISBN: 978-3-945152-74-4, **9,99 €**

Bist du bei der Zubereitung von Wildfleisch mit deinem Jägerlatein am Ende?
Hältst du Halali für ein arabisches Linsengericht und Eichelmast für eine Art Mobilfunkturm? Dann brauchst du dieses Buch: leckere Wildgerichte, schnell und einfach zubereitet mit dem Thermomix. Ob Saltimbocca vom Hirsch, Rehgulasch, Western-Wildschweinburger, in Rotwein geschmortes Hasenragout oder knuspriger Wildentenbraten, wir haben eine große Auswahl an Rezepten für jede Wildart, bestehend aus Klassikern und modern komponierten Gerichten für Thermomix zusammengestellt. Das schmeckt jedem Jäger und ein dreifaches Horrido ist dir sicher!